Bärbel Löffel-Schröder
mit Claudia Weiand & Ines Maynard

Werte für Kinder

Das große Entdeckerbuch

Für Menschen ist wichtig,
was sie mit den Augen sehen können.
Gott aber sieht das Herz.
Nach 1. Samuel 16,7

Bärbel Löffel-Schröder
mit Claudia Weiand
und Ines Maynard

Werte für Kinder

Das große Entdeckerbuch

222 Geschichten, Spiele
und Mitmach-Spaß

GerthMedien

Vorwort für Eltern

Wertvolles gemeinsam entdecken.

Echte Werte. Wer wünscht sich das schon nicht für seine Kinder oder Enkel? Werte, die sie fürs Leben stark machen – Werte wie Mut, Glaube und Treue, Liebe, Geduld, Humor und Ehrlichkeit. Kein Geschenk wäre wertvoller. Und es gibt keine bessere Zeit, dieses Geschenk zu schnüren als in der Kindheit. Denn gerade Kinder können Werte leicht in ihrer alltäglichen Umgebung lernen und werden sie ihr Leben lang nicht vergessen.

Aber oft fehlt es an Zeit und Ideen. Dieses Entdeckerbuch bietet Geschichten, Experimente, Spiele und biblische Texte zu 32 Werten und Tugenden für jeden Tag der Woche. Ganz bewusst werden Werte nicht in einem Kasten definiert. Denn Werte lassen sich nicht einfach auswendig lernen. Man muss sie entdecken, erleben und selbst im Alltag überlegen: Was heißt es wirklich, dankbar, liebevoll oder klug zu sein?

Echtes Lernen. Um Werte richtig zu verstehen und zu verinnerlichen, sind oft drei Dinge nötig: Zuhören, Nachdenken, Ausprobieren. Deshalb gehen die Impulse über die reine Theorie hinaus und beschränken sich nicht nur auf einen Tag. Es ist ein Entdecker-Programm mit jede Menge Action und Spaß! Dabei wird Wertvolles aus Gottes Wort kombiniert mit kindgerechten Geschichten, Spielen, Experimenten und Fragen. Im Laufe einer Woche entdecken Kinder so eine Tugend wie „Dankbarkeit“ ganz individuell und auf vielfältige Weise ohne allzu großen Zeitaufwand. Gemeinsam probieren Sie aus, wie sich Wert-volles leben lässt. Und das lohnt sich nicht nur für Kinder!

Ganz ohne Zwang. Sie können den Kapiteln folgen oder frei entscheiden, welches Thema gerade für Ihre Kinder „dran“ ist. Eine Aktion passt nicht in Ihren Wochenplan oder nicht zu Ihren Kindern? Kein Problem! Sie können sie einfach weglassen und konzentrieren sich auf die anderen. Das Entdeckerbuch ist bewusst so gestaltet, dass es flexibel einsetzbar ist für verschiedene Lebensphasen, Kinder, Begabungen und Vorlieben.

Montag: Die Einstiegsgeschichte soll Kopf und Herz berühren. Manche Geschichten sind wahre Erlebnisse, andere fiktiv. Doch alle sollen Lust auf das Thema machen. Am Schluss laden ein paar Fragen zum Reden und Überlegen ein.

Dienstag: Spannende Geschichten aus der Bibel beleuchten den Wert.

Mittwoch: Zu viel von einer guten Sache ist oft schlecht. Mittwochs geht es um mögliche Fallen und Missverständnisse. Was ist eigentlich das Gegenteil von diesem Wert? Oder wie könnte man den Wert falsch verstehen?

Donnerstag: Wahre Geschichten und faszinierende Fakten aus Wissenschaft und Geschichte.

Freitag: Unfugspiele und Experimente machen Lust, humorvoll über das Thema nachzudenken und einfach Spaß zu haben.

Samstag: Action! Samstags gibt es Vorschläge, wie man das Wertvolle ganz persönlich im Alltag ausprobieren kann.

Sonntag: Ein Vers oder eine Geschichte aus der Bibel beleuchten, was Gott uns zu diesem Thema sagen möchte.

SAMSTAG
Sonntag

Inhalt

Freude

Bärbel Löffel-Schröder

Die Münze

Los geht's!

Ein junger reicher Mann machte einen Spaziergang mit einem richtig klugen Freund, der sehr freundlich zu allen Menschen war.

Unterwegs entdeckten sie auf dem Weg ein Paar alte Schuhe, die wahrscheinlich einem armen Mann gehörten, der auf dem Feld arbeitete.

Der junge Mann schlug vor: „Wir machen uns einen Spaß mit dem Mann. Wir verstecken seine Schuhe und beobachten ihn, wenn er sie sucht. Das wird bestimmt lustig."

Aber sein Freund meinte: „Wir sollten uns keinen Spaß machen, der einem armen Menschen schadet. Du hast doch genug Geld. Du könntest dem armen Mann eine riesige Freude machen. Leg ihm doch ein Geldstück in jeden Schuh. Dann suchen wir uns ein Versteck und beobachten den Mann."

Der junge Mann ließ sich darauf ein und legte in jeden Schuh eine Münze. Dann versteckten die beiden sich und warteten. Bald kam der arme Mann von seiner Arbeit vom Feld und steckte seinen Fuß in einen Schuh. Er spürte die Münze und starrte sie an. Er sah sich um. Niemand war zu sehen.

Er starrte wieder auf die Münze. Dann steckte er sie in die Tasche und zog den anderen Schuh an. Als er das zweite Geldstück fand, war er so glücklich darüber, dass er sich hinkniete und Gott laut dankte. In seinem Gebet sprach er von seiner Frau, die krank war, und von seinen Kindern, die nichts mehr zu essen hatten und die nun nicht vor

Hunger sterben würden, weil er ihnen Essen kaufen könne.

Der junge Mann, der das Geld in die Schuhe gelegt hatte, musste vor Freude weinen, als er das sah. Sein kluger Freund meinte: „Ist das nicht besser, als sich einen Spaß zu machen, der den armen Mann traurig macht?"

„Ja", meinte der junge Mann. „Heute habe ich etwas gelernt, was ich nie vergessen werde."

Habt ihr schon mal jemandem eine große Freude gemacht? Wie war das?

Party im Himmel

Spannendes aus der Bibel

„Stellt euch vor“, sagte Jesus, „ein Schafhirte hat hundert Schafe. Aus irgendeinem Grund geht eins der Schafe verloren. Der Hirte könnte jetzt sagen: ‚Ach, ist doch nicht so schlimm, ich hab ja noch neunundneunzig Schafe.‘ Aber so denkt er nicht. Nein, er lässt die ganzen anderen Schafe zurück und sucht das eine Schaf so lange, bis er es findet. So wichtig ist es ihm, dass keines seiner Schafe verloren geht.

Wenn er es dann gefunden hat, wird er total glücklich sein, es nach Hause tragen und erst mal seiner Freude Luft machen. Klar, er wird gern wollen, dass seine Freunde sich mit ihm freuen. Deshalb wird er es ihnen erzählen: ‚Stellt euch vor, ich hatte ein Schaf verloren. Ich hab aber so lange gesucht, bis ich es gefunden habe. Und jetzt ist es wieder bei mir. Ist das nicht toll?‘“ Dann schaute Jesus seinen Zuhörern tief in die Augen. „Ich sage euch, so groß wird auch die Freude im Himmel sein, wenn ein Mensch merkt, dass er ein Freund von mir sein will und mich um Vergebung bittet.“

Nach Lukas 15,1-7

Worüber freut sich Jesus? Freuen wir uns mit? Können wir glauben, dass Gott sich so sehr über jeden von uns freut?

Schadenfreude

Vorsicht, Falle!

Der Name „Schadenfreude“ sagt es schon: Wir freuen uns über etwas, das dem anderen schadet, so wie in diesen Beispielen:

- Tristan lacht laut, als Mehmet beim Fußballspielen hinfällt.
- Lorena meint zu Kira: „Das hast du auch verdient, dass du mal verlierst.“

Manche Schadenfreude ist heimlich. Da freuen wir uns im Geheimen, wenn dem anderen etwas nicht gelingt oder er „reinfällt“. Es gibt aber auch die offene Schadenfreude, die andere sehen können. Egal, ob wir uns im Geheimen oder ganz offen über das Unglück anderer freuen, sie spüren das und es macht sie traurig.

Übrigens – je mehr wir jemanden beneiden, desto größer ist die Schadenfreude, wenn ihm ein Missgeschick passiert.

Habt ihr schon mal erlebt, dass jemand schadenfroh gelacht hat über euch? Wie habt ihr euch dabei gefühlt? Warum ist die Schadenfreude größer, wenn wir jemanden beneiden?

Der Lachsack

Wissen

Habt ihr schon mal einen Lachsack lachen hören? Ein Lachsack ist ein kleines Säckchen, das Leute gern zu Feiern mitbringen. Wenn sie auf einen Knopf in dem Säckchen drücken, spielt der Lachsack total lustiges Gelächter ab. Und alle müssen mitlachen.

Der Lachsack wurde 1968 von Walter Thiele erfunden.

Zuerst hatte er in eine Socke einen Mini-Plattenspieler – ein Gerät so ähnlich wie heute ein CD-Player – eingebaut. Der wurde mit Batterie angetrieben. Zuerst spielte der kleine Plattenspieler das Gekrächze von Papageien ab. Das Ganze nannte sich Lachsocke. Daraus wurde dann der Lachsack. Für das Lachen, was ein Lachsack abspielt, suchte Herr Thiele jemanden, der besonders ansteckend lachen konnte. Er erklärte: „Ich mache einen Wettbewerb. Wer kann besonders lustig lachen, sodass alle anderen mitlachen müssen? Wer beim Wettbewerb gewinnt, kriegt 1000 DM“ – das ist heute etwa so viel wie 1000 Euro. Der Gewinner war ein Mann, der in seinem Beruf gar nicht viel zu lachen hatte. Er arbeitete nämlich beim Finanzamt, einem Amt, wo man ausrechnen muss, ob Leute Geld an den Staat bezahlen müssen.

Übrigens: Bis heute wurden über 120 Millionen Lachsäcke verkauft. Und viele Leute haben schon mitgelacht.

Was ist das?

Unfug

Was denkt ihr: Ist das Freude oder Schadenfreude?

- Ich habe mich richtig gefreut, dass Lasse heute eine Fünf in der Mathearbeit hatte.
- Lorena ist die Beste in Englisch. Das freut mich, denn sie ist eine gute Freundin.
- Ihr hättet Yusufs Gesicht sehen sollen, als Gabriel ihn gehauen hat. Das war zum Schreien lustig.
- Ich könnte mich kaputtlachen, Mama, wie du aussiehst, wenn du deinen Autoschlüssel suchst.

Bestimmt fallen euch noch mehr Beispiele ein.

Lachwettbewerb

Wie wäre es, wenn du beim nächsten Kindergeburtstag oder in deiner Familie einen Lachwettbewerb machst? Überleg dir einen schönen Preis. Dann kündigst du jeden „Lacher“ an. Zum Beispiel so:

- Hier ist der Lachpapa.
- Jetzt kommt die weltbeste Lachoma.
- Lachluisa ist jetzt dran.
- Louis der Lachmann.

Zum Schluss stimmt ihr ab, wer am ansteckendsten gelacht hat. Und der bekommt dann den Preis.

Freude zeigen

Action!

Manchmal denken wir gar nicht daran, wie viel es in unserem Leben zum Freuen gibt. Es ist gut, sich zwischendrin mal daran zu erinnern und Gott oder anderen diese Freude zu zeigen. Zum Beispiel so:

- Mama, ich freue mich so, dass du meine Mutter bist. Deshalb hab ich dir diese Karte gebastelt.
- Jesus, danke, dass ich so viele Freunde habe, das freut mich.
- Super, dass ihr mit mir in den Zoo fahrt. Damit macht ihr mir eine riesige Freude.
- Oma, jedes Mal, wenn du kommst, freu ich mich.
- Samira, du bist so lustig, dass wir beide immer viel Spaß haben.
- Lieber Gott, du hast dir die Tiere so toll ausgedacht. Ich freu mich besonders über die Affen.
- Jakim, mit dir macht Fußballspielen richtig viel Spaß.

Wem willst du deine Freude zeigen?
Und wie fühlst du dich dabei?

An manchen Tagen ist es ganz leicht, zu lachen und sich zu freuen. Alles läuft wie geplant oder sogar noch besser: Du kriegst eine Eins, bekommst ein Lob oder bist auf einmal total beliebt. Aber an anderen Tagen ist es schwer. Denn manchmal geschehen Dinge, die uns traurig machen, und wir verstehen auch nicht, warum das so ist.

In der Bibel steht, dass Gott immer gute Gedanken für uns hat (Jeremia 29,11). Mehr noch: Allen, die Gott lieb haben, helfen alle Dinge zum Besten (Römer 8,28).

Deshalb können wir uns immer freuen, dass wir zu Gott gehören – auch wenn es gerade nicht so toll läuft. Und diese Freude macht stark, weiterzugehen und sich nicht so leicht entmutigen zu lassen.

Die Freude am Herrn gibt euch Kraft!

Nehemia 8,10b

Gottes Wort

Jeder darf eine Sache erzählen,
die schwer für ihn ist.

- Vielleicht sagt jemand: „Ich bin so traurig darüber, dass meine Freundin wegzieht.“ Die anderen beten dafür.
- Ihr könnt auch schöne Erinnerungsschilder, vielleicht mit Glitzerfarbe oder etwas besonderem Schmuck, malen oder basteln. Darauf kann ein ermutigender Bibelvers stehen, etwa: „Das ist meine Freude, dass ich mich zu Gott halte.“ Das Erinnerungsschild kann jeder, der es gerade schwer hat, mit in sein Zimmer nehmen. Oder ihr hängt es an einen Ort, an dem es alle sehen können.

Zufriedenheit

Ines Maynard

Wer nicht zufrieden ist mit dem,
was er hat, der wäre auch nicht
zufrieden mit dem,
was er haben möchte.
Berthold Auerbach

Der Besuch

Los geht's!

„Hey Lukas, magst du mal zu mir nach Hause zum Spielen kommen?", fragte Maximilian nach einem Fußballspiel.

„Echt jetzt?", stotterte Lukas. „Du lädst mich ein?" *Das meint der bestimmt nicht ernst!*, dachte Lukas. Klar, sie spielten schon länger zusammen Fußball und er mochte Maximilian. Aber Maximilians Vater war ein Millionär und Bankmanager. Die Familie Wohlberger wohnte in einer riesigen Villa am See. Das wusste jeder! Lukas' Vater dagegen war nur Maurer. Seine Familie wohnte in einer kleinen Wohnung im fünften Stock eines alten Hauses.

„Na klar im Ernst!", sagte Maximilian und lachte. „Was denkst du denn? Aber nur, wenn ich dich auch mal besuchen darf."

Für einen Moment zögerte Lukas, aber dann sagte er Ja.

Am nächsten Samstag stand Lukas dann vor dem riesigen Eisentor der Villa Wohlberger. „Wo ist denn hier die Klingel?", fragte er sich. Doch da hörte er plötzlich Maximilians Stimme aus einem Lautsprecher am Pfosten: „Hey, Lukas, du bist da! Cool. Komm rein, Mann!" Dann öffnete sich das Eisentor wie von unsichtbarer Hand und Lukas lief durch einen Garten, in dem die Bäume kugelrund geschnitten waren. Alles sah perfekt aus. Als Lukas noch über den Springbrunnen mit den dicken, roten Goldfischen staunte, rannte Maximilian schon auf ihn zu. „Hi Lukas, schön, dass du da bist!"

An diesem Tag kam Lukas kaum noch aus dem Staunen heraus: wie viele Räume die Villa hatte, wie viele Spielzeuge Maximilian besaß! Ja, er hatte sogar einen eigenen Spielplatz im Garten, elektrische Spielzeugautos, ein Boot und ein Pony! Sie spielten den ganzen langen Sommertag, bis es dunkel war. Über Nacht bekam Lukas ein eigenes Schlafzimmer - eines der vielen Gästezimmer, in denen so viel Platz war, dass man tanzen könnte!

Am nächsten Samstag kam Maximilian dann zu Lukas. Da es keinen Aufzug gab, musste er bis in den fünften Stock laufen. Lukas teilte sein Zimmer mit seiner Schwester Luise. Also verzogen sich die Jungs in die Küche zum Spielen. Mama überraschte sie mit selbst gemachtem Eis. Und Papa setzte sich an das leicht verstimmte Klavier und schmetterte ein paar lustige Lieder, bis alle mitsangen. Danach spielten sie zusammen Fußball im Innenhof mit Lukas' Papa und später mit der ganzen Familie einige Ratespiele. Sogar Lukas' Oma setzte sich dazu. Am Abend durften die beiden Jungs auf dem Balkon schlafen, weil es eine warme Sommernacht war. Mama hatte dort ein Zelt aufgestellt.

„Du, Maximilian", sagte Lukas, als sie in den Schlafsäcken im Zelt lagen. „Ich schäme mich so ..."

„Wieso das denn?", fragte Maximilian.

„Na, weil ich dir nichts bieten kann. Du hast eine Villa, einen See, einen Spielplatz, ein Pony ... was weiß ich nicht alles! Und ich, na ja, ich hab irgendwie nix. Sicher willst du gar nicht mein Freund sein. Denn ich bin arm und du bist reich. Sag es ruhig ehrlich."

Maximilian lachte traurig und sagte dann: „Ach, du hast ja keine Ahnung! Du bist reich und merkst es nur nicht. Weißt du, wie oft ich allein bin, weil Papa kaum zu Hause ist? Und weißt du, wie oft sich meine Eltern streiten - ich glaube, sie wollen sich scheiden lassen. Dieser Tag hier bei dir, also, ich hab mich so gut gefühlt und echt Spaß gehabt. Ich glaube, alles, was einen innen drin froh macht, das macht wirklich reich."

Hm, machte Lukas. Und gemeinsam schauten sie schweigend durch die Zeltluke in den Sternenhimmel.

Was macht euer Herz so richtig froh und zufrieden? Erinnert euch mal an einen Tag, an dem ihr so richtig glücklich ward. Woran lag das?

Jeder ist reich,
der an Gott glaubt
und mit dem zufrieden
ist, was er hat.
1. Timotheus 6,6

Die Wahl

Abraham und sein Neffe Lot hatten sehr viele Schafe. Eigentlich ging es ihnen gut. Sie hatten viel Land und die Schafherden wurden immer größer. Sie waren so reich, dass sie Hirten einstellten, die für sie arbeiteten. Doch die Schafhirten fingen an, sich zu streiten. Lots Hirten sagten: „Abrahams Herde stört uns immer an den Wasserstellen! Und sie nehmen uns das beste Weideland weg! Das ist nicht fair." Auch Abrahams Hirten waren sauer. „Lots Hirten drängeln sich immer vor. Das Land ist einfach zu klein für uns alle!"

Weil die Hirten so unzufrieden waren, fingen auch Abraham und Lot an zu streiten. Es war ein ständiger Wettkampf. Irgendwann sagte Abraham zu Lot: „Lass uns doch nicht so zanken. Dabei geht es uns beiden nicht gut. Es ist genug Land da. Such dir einen Teil aus. Wenn du nach links gehst, gehe ich nach rechts. Wenn du nach rechts gehst, ziehe ich nach links mit meinen Herden. Du hast die Wahl!"

Das gefiel Lot und er suchte sich das Land aus, das besonders grün und fruchtbar war mit viel Wasser. Allerdings wusste er nicht, dass dort Menschen wohnten, die Böses taten und ihm das Leben schwer machen würden. Er schaute nur auf das, wovon er meinte, damit zufrieden zu werden.

Abraham verließ sich auf Gott - und obwohl sein Stück Land trockener war als das Lots, ging es ihm

gut, weil Gott für ihn sorgte und Abraham lernte, mit dem zufrieden zu sein, was er besaß.

Nach 1. Mose 13

Kennt ihr das: Manchmal streiten wir uns, weil wir irgendetwas unbedingt wollen. Denn wir glauben, dass wir dadurch zufrieden werden. Dabei macht es uns vielleicht gar nicht froh, wenn wir es bekommen. Außerdem übersehen wir manchmal, dass Gott uns alles schenkt, was wir zum Zufriedensein brauchen. Glaubt ihr, dass Gott euch alles gibt, was ihr braucht? Warum oder warum nicht?
Wie geht es euch: Schaut ihr mehr auf das, was ihr habt – oder eher auf das, was ihr nicht habt?

Werbelügen

Vorsicht, Falle!

Was brauchen wir wirklich, um zufrieden zu sein? Laut Werbung ziemlich viel: die neuesten Klamotten, coole Autos, Schmuck, Schminke, Musik, bestimmte Getränke oder das Essen einer Fastfoodkette. Überall umgibt uns Werbung. Und die hat mehr Einfluss, als wir oft meinen! Sie trichtert allen Zuhörern ein: „Das brauchst du! Ohne diese Sache kannst du nicht wirklich zufrieden sein. Nur, wenn du dies oder das hast, bist du wer!"

Aber stimmt das wirklich? Macht Materielles – also Dinge, die wir kaufen können – wirklich glücklich?

Schaut euch zusammen mal bewusst ein paar Werbeblöcke im Fernsehen an – oder hört im Radio genau zu, vielleicht auf einer Autofahrt.

- *Welche Sprüche kommen vor bei Getränken wie Cola, einer Kleidungsmarke oder bestimmten Parfumsorten?*
- *Wie versuchen die Werbemacher die Zuschauer zu überzeugen, dass ihr Produkt zufrieden und glücklich macht?*
- *Was versprechen die Werbeleute?*
- *Und mal ehrlich, habt ihr ihnen schon manchmal geglaubt?*

Der Lottogewinn

Wissen

Viele träumen davon: Einmal „Sechs Richtige“ im Lotto haben! Endlich reich sein und sich alle Wünsche erfüllen können, keine Sorgen mehr haben. Nur für sehr wenige wird dieser Traum wirklich wahr.

Zwei Berliner Forscher haben 14 Lottomillionäre über die Jahre begleitet und gefragt: Wie geht’s euch? Was macht ihr mit dem Geld? Seid ihr jetzt zufriedener?

Das Ergebnis war interessant: Im ersten Jahr freuten sie sich tatsächlich und waren überglücklich. Sie erfüllten sich einige Wünsche. Doch schon im zweiten Jahr nach dem Lottogewinn sagten fast alle Lottomillionäre, dass sie wieder genauso zufrieden oder unzufrieden waren wie vor dem großen Gewinn. Außerdem hatten sie sich manche Herzenswünsche gar nicht erfüllt. Fast alle wünschten sich seit dem Gewinn besonders eine Weltreise, aber keiner der 14 Millionäre hatte tatsächlich die Koffer gepackt.

Die Forscher merkten zum Schluss: Nach ein paar Jahren war keiner der Lottogewinner zufriedener als vorher. Denn sie wussten gar nicht so richtig, was sie zufrieden macht.

Was meint ihr: Warum macht ein Lottogewinn nicht zufriedener? Es gibt ein Sprichwort: „Wer zufrieden ist, der ist reich!“ Was soll das bedeuten? Und glaubt ihr das auch?

Werbesendung

Unfug

Spielt zusammen mal „Werbesendung". Jeder nimmt sich eine Sache, die er besonders gern mag: Schokolade, eine Jeans, einen Sportschuh, Schminke, Marmelade, ein Schmuckstück oder Puddingpulver, was ihr wollt!

Dann überlegt ihr euch, wie ihr die anderen überzeugen könnt, es zu kaufen. Übertreibt richtig dabei: „Mit dieser Schokolade wirst du nur noch gute Laune haben. Alles wird gut und jeder will dein Freund sein ... Bald wirst du ohne diese Schokolade gar nicht mehr leben können." Haut richtig auf den Pudding.

Wenn ihr wollt, kann sich der „Werbesprecher" hinter einen leeren Rahmen setzen, sodass es so aussieht, als wäre er oder sie im Fernsehen.

Wer war besonders überzeugend?
Was war besonders lustig?

Bin ich reich?

Action!

Es gibt ein Geheimnis beim Zufriedensein: Auf das schauen, was ich habe, statt auf das, was mir scheinbar fehlt. Denkt in der nächsten Woche mal bewusst an das, was ihr habt, auch die scheinbar „kleinen“ Dinge. Und ihr werdet merken: Auf einmal fühlt man sich viel reicher und zufriedener.

Ihr könnt eine Liste machen oder einander von euren Entdeckungen erzählen. Oder wie wäre es mit einem großen Zettel an der Wand, auf den jeder im Laufe der Woche schreiben kann, was sie oder ihn reich macht?

Weniger ist oft mehr.

Lasst euch bewusst auf ein Experiment ein: Mit weniger zufrieden sein: Geht mal ohne Markenklamotten in die Schule. Verzichtet bewusst auf etwas wie Fernsehen. Oder mistet mal aus und trennt euch von Dingen, die ihr eigentlich gar nicht braucht.

Gottes Wort

„Ob ich nun wenig oder viel habe, beides ist mir durchaus vertraut, und so kann ich mit beidem fertig werden: Ich kann satt sein und hungern; ich kann Mangel leiden und Überfluss haben. Alles kann ich durch Christus, der mir Kraft und Stärke gibt.“

Philipper 4,12-13

Paulus schrieb diese Sätze in einem römischen Gefängnis. Zwanzig Jahre hatte er vielen Menschen von Jesus erzählt und einige der ersten christlichen Gemeinden gegründet. Er hatte viel Gutes, aber viel Schwieriges erlebt. Nun wusste er, dass er bald sterben würde. Und wovon schrieb er in dem Brief? Von Freude! Er freute sich jeden Tag und war zufrieden.

Dafür gab es nur einen Grund - und der war sicher nicht, dass es ihm äußerlich gut ging. Er freute sich wegen Christus. Der machte ihn in jeder Lebenslage stark und gab ihm Hoffnung. Paulus wusste: Egal, wie viel er auf der Erde hatte, in Christus ist er reich. Selbst wenn es ihm auf der Erde mal an etwas fehlte und er hungern musste, die Freude im Himmel würde alles Leid übertreffen.

Gottes Wort

Gibt es etwas in eurem Leben, wo euch wirklich etwas fehlt? Vielleicht fehlt es euch an Gesundheit oder Freunden, vielleicht sogar am Essen. Das könnt ihr Jesus sagen. Er sorgt für euch. Auch wenn sich nicht von jetzt auf gleich etwas ändert, will er euch Kraft geben, die schwere Zeit gut zu überstehen. Vielleicht möchtet ihr ja einmal den Philipperbrief zusammen durchlesen. Die Freude darin ist wirklich ansteckend!

Die Liebe beschenkt andere
und wird dabei selbst reich.
Nach Clemens Brentano

Großzügigkeit

Claudia Weiand

Die kluge Frau

Los geht's!

Es waren einmal ein Mann und eine Frau, die lebten in einer kleinen Hütte am Fluss. Sie besaßen alles, was sie zum Leben brauchten. Nicht mehr. Aber auch nicht weniger.

Eines Tages klopfte es an der Tür. Die Frau öffnete und sah einen jungen Mann vor sich. Nass bis auf die Knochen. „Gute Frau", sagte dieser und zitterte. „Ich bin mit meinem Boot auf einen Felsen gefahren. Keine 100 Schritte von hier. Das Boot lief voll Wasser und versank im Fluss. Wäre es wohl möglich, dass ich mich hier ausruhen dürfte? Morgen mache ich mich zu Fuß auf den Weg nach Hause."

Die Frau ließ den jungen Mann ein, setzte eine warme Suppe auf, wickelte den Jüngling in eine Decke und trocknete seine Kleider am Ofen. Am nächsten Morgen gab sie ihm einen Laib Brot, küsste ihn auf die Stirn und wünschte ihm einen gesegneten Heimweg.

Ihr Mann jedoch hatte keinen Finger gerührt. „Einen ganzen Laib Brot!", schimpfte er. „Der Knabe kann nicht einmal sein Boot an den Felsen vorbeilenken. Und du belohnst ihn auch noch dafür."

Am Abend klopfte es. Die Frau öffnete und fand ein Mädchen vor sich. Dieses hatte ein winziges Kind im Arm. „Ich bin auf der Durchreise und nun ist es schon dunkel. Darf ich bei euch einkehren?" Die Frau bat Mädchen und Kind herein, teilte Brot und Suppe und richtete ein Nachtlager direkt am warmen Ofen her. Am nächsten Morgen wickelte sie das Kind in eine warme Decke und schenkte dem Mädchen ihre Jacke, küsste beide auf die Stirn und wünschte eine gesegnete Reise.

Der Mann schimpfte, sobald die Tür sich hinter den beiden schloss: „Wie kannst du wildfremden Menschen so wertvolle Geschenke geben? Wir haben selbst nicht viel! Und du wirfst das wenige auch noch zum Fenster hinaus?"

Am Nachmittag ging ein altes Mütterchen an der Hütte vorbei. „Darf ich mich ein Weilchen bei euch ausruhen?", fragte es. „Meine Kräfte lassen langsam nach und meine Beine tragen mich nicht mehr so weit." Die Frau bat das Mütterchen einzutreten, gab ihm Wasser und schnitt dicke Scheiben Brot auf. Und als das Mütterchen aufbrechen wollte, schenkte sie ihm ihre Schuhe, packte ein Bündel mit Brot und Äpfeln, küsste sie auf die Stirn und wünschte ihr eine gesegnete Reise.

Plötzlich wurde der Mann richtig wütend. „Jedem dahergelaufenen Strolch gibst du Brot und Suppe! Schuhe und Decke hast du Fremden gegeben. Wie kannst du es wagen, unser armes Leben noch ärmer zu machen?"

Da küsste die Frau ihren Mann auf die Stirn und antwortete: „Mein armer Mann! Hast du nicht immer genug zu essen? Hast du es nicht immer warm und trocken? In den letzten Tagen ist dein Herz kleiner und ärmer geworden. Meines dagegen wurde immer weiter und reicher!"

Die Jesus-Brille

Spannendes aus der Bibel

Jesus erklärte seinen Nachfolgern einmal: „Denn als ich hungrig war, habt ihr mir zu essen gegeben. Als ich Durst hatte, bekam ich von euch etwas zu trinken. Ich war ein Fremder bei euch, und ihr habt mich aufgenommen. Ich war nackt, ihr habt mir Kleidung gegeben. Ich war krank, und ihr habt mich besucht. Ich war im Gefängnis, und ihr seid zu mir gekommen." Aber die Leute verstanden das gar nicht! „Wann warst du denn krank, nackt oder im Gefängnis?" Darauf sagte Jesus: „Immer, wenn ihr jemandem helft – selbst dem größten Außenseiter – dann habt ihr mir geholfen."

Nach Matthäus 25, 35+36

Stellt euch vor, es gäbe da so eine Brille: die Jesus-Brille. Wenn man die aufsetzt, dann kann man Jesus in jedem Menschen sehen, der einem so begegnet: in euren Lehrern, in der Kassiererin im Supermarkt, in dem Bettler in der Fußgängerzone. Könnte es sein, dass wir uns anders verhalten würden, wenn wir diese Brille aufhätten? Wenn wir ihm jeden Tag so begegnen und etwas für ihn tun könnten?

Wie du mir, so ich dir?

Vorsicht, Falle!

Großzügigkeit ist wunderschön für die Menschen, die das an euch erleben dürfen. Echte Großzügigkeit verschenkt, investiert, lässt los, ohne dafür einen Gegenwert zu erwarten.

Manch einer möchte zwar großzügig sein, aber bitte nur dann, wenn er ein entsprechendes Dankeschön dafür bekommt! Er verschenkt, teilt und vergibt nicht, weil es sein Herz beflügelt. Sondern, um zurückzufordern. Und das kann für sein Gegenüber ganz schön teuer werden. „Ich hab dir aber mein Armband geschenkt, dafür musst du mir jetzt den Glitzerstift geben!" Das hat mit Großzügigkeit nichts mehr zu tun. Das ist ein erzwungener Tauschhandel.

Erwachsene können das auch. Sie verschenken etwas und sind dann beleidigt, wenn sich die Person dann nicht entsprechend bedankt oder nichts zurückschenkt. Echte Großzügigkeit setzt den Beschenkten frei und fesselt ihn nicht. Echte Großzügigkeit gibt und erwartet nichts zurück! (Natürlich ist es aber trotzdem eine riesige Freude, wenn ein Dankeschön zurückkommt!)

Überlegt doch jeder einmal für sich: Welche Dinge kann ich wirklich großzügig verteilen? Wo fällt es mir gar nicht schwer? Umarmungen? Komplimente? Pausenbrote? ... ? Was fällt mir eher schwer abzugeben?

Großzügige Millionäre

Wissen

Im Sommer 2010 haben 40 amerikanische Milliardäre (1 Milliarde = 1000 Millionen!) – also Menschen, die einfach unvorstellbar reich sind – zugesagt, dass sie mindestens die Hälfte ihres Geldes verschenken werden. Einfach so. Sie haben eingesehen, dass das viele Geld für eine Person oder auch eine Familie viel zu viel ist. Man kann das in einem einzigen Menschenleben gar nicht ausgeben. Deswegen wollten sie von ihrem Reichtum abgeben.

Als diese Nachricht in die deutschen Zeitungen kam, gab es ganz erstaunliche Reaktionen: Viele Menschen hielten das für einen Scherz. Sie glaubten davon kein Wort. Andere sagten, das sei ja noch viel zu wenig, die müssten noch viel mehr Geld abgeben. Einige unterstellten den Milliardären, sie würden das nur machen, um Steuern zu sparen. Und wieder andere forderten, man müsste diese Leute durch Gesetze dazu verpflichten, ihr Geld zu verschenken!

Was bei allen diesen Reaktionen auffiel? Kaum einer sagte sich: „Das ist ja klasse! Mal überlegen, wie viel Geld ich wegschenken kann!“ Erstaunlich, wie großzügig man mit anderleuts Dingen ist – und wie knickerig mit den eigenen Sachen …

Gibt es Dinge, bei denen dir Großzügigkeit schwerfällt? Warum ist das so?

Der Lottogewinn

Unfug

Stellt euch vor: Eure Familie hat einen riesigen Haufen Geld gewonnen! Sagen wir fünf Millionen Euro. Unglaublich! Was macht ihr damit? Ihr könnt es aufteilen und jeder aus der Familie darf über „seinen Anteil“ verfügen und erklären, was er damit anfangen würde. Macht ruhig eine kleine Liste. Jetzt geht mal die Dinge durch, für die ihr euer Geld „ausgegeben“ habt:

- *Ward ihr großzügig? Zu euch? Oder zu anderen?*
- *Was wäre, wenn der Gewinn viel kleiner wäre? Vielleicht „nur“ 100 Euro? Würdet ihr auch teilen?*

Das Herzensding

Action!

Verschenk ein Herzensding! Etwas, das dir am Herzen liegt! Das kann ein tatsächliches Ding sein, ein Gegenstand. Es darf aber auch etwas sein, was einfach von Herzen kommt. Ein freundliches Wort, eine Umarmung, ein Lob, ein Kuss, ein Gedicht, ein Briefchen …

Sei einfach mal großzügig mit dem, was du hast und was in dir ist! Du wirst staunen, dass Großzügigkeit, die man einem anderen schenkt, fast immer zurückkommt – in einem Lächeln, einem Dankeschön, einem Augenzwinkern …

Geben macht glücklicher als nehmen.

Apostelgeschichte 20,35

Die arme Witwe

Gottes Wort

Eines Tages sitzt Jesus im Tempel und beobachtet die Opferkästen – das sind Kästen, in die Leute damals Geld geworfen haben. Spenden für Gott. Und Jesus guckt genau hin, wer wie viel hineinwirft. Das ist ganz schön frech! Findet ihr nicht? Es geht doch wirklich niemanden etwas an!

Aber Jesus schaut ganz genau hin. Und da kommen ein paar ziemlich reiche Leute vorbei. Vermutlich sind sie edel gekleidet und fallen von Weitem auf. Und sie greifen tief in ihre Geldbeutel und verschenken großzügig einen Haufen Geld. Wie die Milliardäre in den USA. Sie geben eine Menge ab! Dadurch werden sie nicht arm. Aber es hat sie auch keiner dazu gezwungen. Sie tun es gerne, denn das Geld ist für etwas bestimmt, was ihnen wirklich am Herzen liegt. Hier in diesem Fall für Gott! Richtig toll!

Und dann kommt diese Witwe. Sie hat nicht gerade viel und neben den reichen Leuten sieht sie wohl abgewetzt und schäbig aus. Und dann legt sie ihre scheppernden Münzen in den Kasten. Im Vergleich zu den Unsummen, die kurz zuvor die Reichen abgeliefert haben, ist das verschwindend gering! Es ist so wenig Geld, dass man vielleicht sogar sagen könnte, sie braucht das Bisschen gar nicht wegzugeben. Gott hat durch die reichen Spender nun wirklich schon genug bekommen.

Tja, aber genau da ruft Jesus seine Jünger zu sich und erklärt: „Die Münzen, die diese Frau abgegeben

hat, sind mehr wert als alles Geld, was die Reichen zuvor zusammengelegt haben! Denn die Reichen, die haben von ihrem Überfluss abgegeben. Die Frau hat etwas weggegeben, was ihr jetzt wirklich fehlt! Sie hat darauf verzichtet, obwohl sie es dringend selbst gebraucht hätte!"

Das ist ein großer Unterschied! Es ist der Übergang von Großzügigkeit zum Opfer. Großzügig sein kann jeder mit dem, von dem er genug hat. Opfern heißt, so viel wegzugeben, dass einem etwas fehlt!

Nach Markus 12,41-44

Warum macht die Witwe so etwas?
Hast du schon einmal was geopfert?
(Zeit, Zuwendung, Spielzeug, Kleidung ...?)
Fühlt sich das anders an, als großzügig zu sein?

Glauben

Bärbel Löffel-Schröder

Das Baby und die Wärmflasche

Los geht's!

Dr. Helen Roseveare ging als Ärztin nach Afrika und erzählte den Menschen von Jesus.

Sie erlebte etwas ganz Besonderes, nachdem ein kleines Baby sehr viel zu früh auf die Welt gekommen war. Es stand nicht gut um das Kleine. Alle wünschten sich so sehr, dass es überleben würde, aber die Kälte war ein Problem. Obwohl sie in Afrika lebten, war es nachts oft sehr kühl. Leider war die Wärmflasche, die das Baby dringend gebraucht hätte, kaputtgegangen. Wo sollten sie so schnell eine neue herbekommen?

Am nächsten Tag hatte die Ärztin ein Gebetstreffen mit Waisenkindern, also mit Kindern, die keine Eltern haben. Dort erzählte sie von dem Baby und der zweijährigen Schwester des Babys, die sehr geweint hatte. Natürlich erzählte sie auch von der kaputten Wärmflasche.

Als sie beteten, redete die 10-jährige Ruth mit Gott. Sie sagte: „Bitte, Gott, schick uns eine Wärmflasche. Morgen ist es zu spät, Gott. Denn dann wird das Baby tot sein, also schick sie bitte heute Nachmittag. Und wenn du schon dabei bist, würdest du bitte auch eine Puppe für die Schwester des Babys schicken?"

„Eigentlich wusste ich ja, dass Gott alles kann", erzählte die Ärztin später. „Aber dass er dieses Gebet erhören würde, konnte ich nicht glauben. Schon vier Jahre lang war kein einziges Paket aus meinem Heimatland gekommen. Und wer würde schon eine Wärmflasche nach Afrika schicken? Aber genau an diesem Tag lag tatsächlich ein großes Paket vor der Tür. Ich rief die Waisenkinder zu mir.

Als wir das Paket öffneten, sahen wir – ich konnte es kaum glauben! – eine ganz neue Wärmflasche. Ich weinte vor Überraschung. Ich hatte mich ja gar nicht getraut, Gott um so etwas zu bitten. Aber Ruth hatte es getan. Und jetzt schrie sie vor Aufregung: ‚Wenn Gott die Wärmflasche geschickt hat, dann hat er bestimmt auch die Puppe mitgeschickt.'"

Und wirklich – ganz unten im Paket fand sie eine wunderschöne kleine Puppe. Ruth hatte die ganze Zeit daran geglaubt, dass Gott ihr Gebet erhören würde. Sie fragte: „Können wir jetzt zu dem kleinen Mädchen gehen und ihr die Puppe geben?"

Das Paket kam von einer Kindergottesdienstgruppe und war fünf Monate unterwegs gewesen. Und nun kam es gerade an, als ein 10-jähriges afrikanisches Mädchen gebetet hatte: „Gott, heute Nachmittag brauchen wir die Wärmflasche."

Voller Freude stellte die Ärztin fest: Es stimmt, was in der Bibel steht: „Ehe sie zu mir um Hilfe rufen, stehe ich ihnen bei, noch während sie beten, habe ich sie schon erhört"(Jesaja 65,24).

Habt ihr schon einmal erlebt, dass ihr um etwas betet und es Gott voll zutraut und es passiert?
Wie war das?

Thomas und die Zweifel

Spannendes aus der Bibel

Nachdem Jesus gestorben war, trauerten seine Freunde sehr. Denn sie dachten nicht mehr an das, was Jesus ihnen gesagt hatte, nämlich dass Gott ihn wieder lebendig machen würde. Heimlich trafen sich die Freunde in einem Raum, weil sie Angst vor den Leuten hatte, die schon Jesus getötet hatten. Deshalb verschlossen sie die Türen ganz fest.

Doch – was war das? Konnte das sein? Plötzlich stand Jesus mitten im Zimmer. Sie wussten gar nicht, was ihnen geschah. Wie war Jesus denn reingekommen? Die Türen waren doch abgeschlossen! Jesus lächelte und zeigte ihnen seine Hände und seine Seite, wo man noch sehen konnte, dass er am Kreuz gehangen hatte. Sie sahen die Narben, aber Jesus ging es gut! Nun konnten sie es glauben und jubelten. Jesus lebt! Er ist auferstanden!

Nur ein Freund war nicht dabei: Thomas. Dem erzählten die anderen aufgeregt: „Jesus lebt!"

„Ihr könnt mir viel erzählen", antwortete Thomas. „Das glaube ich erst, wenn ich ihn selbst sehe."

Eine gute Woche später tauchte Jesus wieder wie aus dem Nichts auf. Dieses Mal war Thomas dabei. „Komm her, Thomas", sagte Jesus. Und nun sah Thomas die Wunden an den Händen und der Seite von Jesus. Er staunte nur noch und stammelte: „Mein König und mein Gott."

Jesus schaute ihn an. „Du glaubst, weil du mich gesehen hast, Thomas. Aber richtig freuen werden

sich alle, die glauben, obwohl sie mich noch nicht sehen."

Nach Johannes 20,19-31

Geht es euch auch manchmal so, dass ihr etwas erst glauben könnt, wenn ihr es seht? Aber ist es dann noch Glauben? Warum, meint ihr, hat Jesus gesagt, dass sich alle freuen werden, die an ihn glauben, obwohl sie ihn noch nicht sehen?

Mit Kopf und Herz

Vorsicht, Falle!

Eine Gefahr beim Glauben ist es, wenn wir zwar glauben, dass es Gott gibt, aber er für unser Leben gar nicht wichtig ist. Oder dass wir uns Gott total streng vorstellen und gar nicht wollen, dass er nah bei uns ist. Dann glauben wir mit dem Kopf, aber nicht mit dem Herzen.

Herzensglaube ist mehr als reiner Kopfglaube. Mit dem Herzen glauben hat mit Liebe zu tun. Gott meint es so gut mit uns! Wir können ihm vertrauen. Er freut sich total, wenn wir ihn lieben und er wichtig für uns ist. Wenn wir mehr Herzensglauben bekommen wollen, können wir darum beten, dass wir Gott und seine Liebe besser kennenlernen.

Das geheime Zeichen

Wissen

Die ersten Christen – also alle, die an Jesus glaubten – hatten es nicht leicht. Der Kaiser ließ sie oft ins Gefängnis werfen, weil sie ihn nicht als Gott anerkennen wollten. Ihr müsst wissen, die Römer glaubten, dass es viele Götter gibt. Aber Christen waren sich sicher: Es gibt nur einen richtigen Gott!

Es konnte sehr gefährlich werden, wenn die Freunde des Kaisers merkten, dass jemand Christ war. Denn der Kaiser bestrafte Freunde von Jesus.

Damit die Christen sich gegenseitig erkennen konnten, machten sie ein geheimes Zeichen aus.

Wenn sich zwei Leute trafen und der eine wollte herausfinden, ob der andere Christ ist, dann malte der Christ einen Bogen in den Staub des Weges. Wenn der andere nun einen zweiten Bogen malte, sodass ein Fisch entstand, wussten sie beide, dass sie an Jesus glaubten. Wenn der andere aber gar nicht wusste, was der Bogen bedeutete, dann musste der Christ vorsichtig sein.

Das Geheimzeichen hatte übrigens eine besondere Bedeutung. Das Wort Fisch heißt in der griechischen Sprache „ICHTYS“ und jeder Buchstabe steht für eine zentrale Wahrheit, an die Christen auch heute glauben:

I = IESOUS (JESUS)
CH = CHRISTOS (Christus)
T = THEOS (Gott)
Y = YIOS (Sohn)
S = SOTER (Retter)

Die Freunde von Jesus mussten gut zusammenhalten, damit keiner der Kaiserfreunde das Geheimzeichen kennenlernte. Auch heute noch leben viele Christen in Ländern, in denen es gefährlich ist, an Jesus zu glauben. Die Christen werden bestraft, wenn jemand sie verrät. Viele kommen zum Beispiel wegen ihres Glaubens ins Gefängnis oder werden sogar getötet, weil sie an Jesus glauben. Aber Jesus ist ihnen so wichtig, dass sie lieber bestraft werden, als ihren Glauben aufzugeben.

Verdrehte Welt

Manche Leute sagen: „Ich glaube nur, was ich sehe.“ Unfug

- Aber sie hängen Wäsche auf und glauben, dass sie trocknet, obwohl sie den Wind nicht sehen.
- Sie drücken auch auf einen Schalter und glauben, dass das Licht angeht, obwohl sie den Strom nicht sehen.
- Sie lieben einen Menschen und glauben, dass sie mit ihm glücklich werden, obwohl sie die Liebe nicht sehen können.

Überlegt euch noch ein paar Beispiele.

Ein Vers für dich!

Action!

In der Bibel steht ein richtig wichtiges Wort über den Glauben.

Denn Gott hat die Menschen so sehr geliebt, dass er seinen einzigen Sohn für sie hergab. Jeder, der an Jesus glaubt, wird nicht verloren sein, sondern das ewige Leben haben.

Johannes 3,16

Glaubst du das? Wenn ja, kannst du deinen Namen in den Vers einsetzen:

Denn so sehr hat Gott ______________ geliebt, dass er seinen einzigen Sohn gab, damit ______________, wenn sie/er an Jesus glaubt, nicht verloren sein wird, sondern das ewige Leben hat.

So kann ein Vers aus der Bibel „dein" eigener Vers werden.

Abenteuer Glauben

Glauben ist unsichtbar, aber kann viel bewegen! Um das besser zu verstehen, könnt ihr mit ein paar Magneten spielen: Nehmt zwei Magneten und bewegt sie aufeinander zu. Merkt ihr, wie sie sich gegenseitig anziehen oder abstoßen, obwohl ihr die Kraft des Magnetismus nicht sehen könnt?

Action!

So kann auch der Glaube viel bewegen. Jesus hat sogar gesagt, dass er Berge versetzt, selbst wenn er nur so klein ist wie ein Senfkorn. Es kommt also nicht auf die „Größe“ des Glaubens an, sondern an welchen Gott wir glauben und wie viel wir ihm zutrauen. Hudson Taylor, ein besonderer Missionar, erklärte das so: „Wir brauchen keinen großen Glauben, sondern einen Glauben an einen großen Gott.“

Natürlich können wir Gott mit unserem Glauben nicht dazu bringen, etwas zu tun, was nicht gut für uns oder andere ist und gar nicht Gottes Wille ist, das ist klar. Aber eins steht fest: Gott zu vertrauen hilft. Gibt es in eurem Leben einen Punkt, an dem sich was bewegen – etwas verändern oder geschehen – soll? Vielleicht möchtet ihr Gott bewusst ab heute immer wieder darum bitten und ihm glauben, dass er alles kann? Wenn ihr wollt, könnt ihr ein „Glaubenszeichen“ basteln, das euch daran erinnert. Und dann wird’s spannend. Wartet ab, was passiert!

DEIN GLAUBE HAT DIR GEHOLFEN.

MARKUS 10,52

»Futter« für den Glauben

Gottes Wort

Habt ihr ein Baby in eurer Familie? Dann wisst ihr sicherlich, dass ein kleines Kind gefüttert werden muss, damit es am Leben bleibt. So ähnlich ist das auch mit dem Glauben an Jesus. In der Bibel steht:

Der Glaube kommt aus dem, was Leute von Gott erzählen, und das wiederum kommt von dem, was Christus gesagt hat.

Nach Römer 10,17

Das heißt: Unser Glaube an Jesus wird „gefüttert" und wächst, wenn wir anderen Christen zuhören, die von Jesus erzählen. Das kann im Kindergottesdienst sein oder in der Familie. Überall, wo über Jesus und die Bibel geredet wird, wächst unser Glaube. Natürlich auch, wenn ihr in eurer Kinderbibel lest oder euch daraus vorlesen lasst und darüber redet. Denn so beginnt der Glaube und wird richtig stark.

Übrigens stärkt es auch unseren Glauben, wenn wir mit anderen darüber reden, was wir mit Jesus erleben. Das können deine Freunde sein, die wenig von Gott wissen. Aber es ist auch toll, wenn ihr euch in der Familie erzählt, was ihr mit Gott erlebt oder in der Bibel gelesen habt. So helft ihr euch gegenseitig, weiter zu glauben.

Gerechtigkeit

Bärbel Löffel-Schröder

Das Urteil

Los geht's!

Vor ganz vielen Jahren gab es ein Volk im Dschungel mit einem besonders guten Leiter, einem Stammesführer. Er wollte seinem Volk helfen, ein sicheres und friedliches Leben zu führen und dachte sich sehr gute und gerechte Regeln dafür aus. Natürlich achtete er auch darauf, dass die Leute die Gesetze einhielten. Gerechtigkeit war ihm sehr wichtig.

Eines Tages kam jemand zu ihm und sagte: „In unserem Stamm gibt es einen Dieb." Der Stammesführer rief seine Leute zusammen. „Ihr wisst, dass die gerechten Gesetze zu eurem eigenen Schutz da sind, damit ihr in Sicherheit und Frieden leben könnt", erinnerte er seine Leute liebevoll. „Die Diebstähle müssen aufhören. Ich habe die Strafe für Diebstahl von zehn auf zwanzig Peitschenhiebe hochgesetzt."

Doch auch nach dieser Rede wurden noch Dinge gestohlen. Der Stammesführer rief seine Leute wieder zusammen: „Bitte hört mich an. Das muss aufhören. Wir können uns ja gar nicht mehr richtig vertrauen. Der Dieb darf nicht mehr klauen, sonst bekommt er vierzig Schläge mit der Peitsche."

Die Menschen wussten, dass der Stammesführer sie sehr liebte und nicht wollte, dass jemand bestohlen wurde. Endlich hörten sie: Der Dieb ist gefasst worden. Alle kamen zusammen, um zu sehen, wer der Dieb war. Und dann wurde die Diebin von zwei Wachen gebracht und alle erschraken total.

Denn die Diebin war die Mutter des Stammesführers. Was würde er jetzt tun? Würde er seiner eigenen Mutter die gerechte Strafe geben?

Ja. Obwohl er dabei weinen musste, sagte er: „Meine Mutter muss die Strafe bekommen, auch wenn sie alt und schwach ist. Sonst wäre es ungerecht." Jemand nahm die Peitsche und wollte auf die Mutter einschlagen. Plötzlich – im letzten Moment – rannte der Stammesführer auf seine Mutter zu. Er umarmte sie fest, sodass die Peitschenhiebe ihn trafen, nicht seine Mutter. Er war gerecht, aber er liebte auch.

Warum sind Regeln und Recht wichtig?
Wieso hat der Stammesführer die Schläge auf sich genommen?
Habt ihr schon mal erlebt, dass jemand eine Strafe für euch auf sich genommen hat?

Die große Bitte

Spannendes aus der Bibel

Salomo war ein sehr junger König. Er sagte zu Gott: „Ich habe keine Ahnung, wie ich das schaffen soll, ein so riesiges Volk richtig zu regieren. Würdest du bitte mein Herz so verändern, dass es auf dich hört? Sonst schaffe ich es nicht, gerecht zu regieren. Aber wenn mein Herz auf dich hört, dann werde ich wissen, was gerecht oder was nicht gerecht ist."

Gott fand diese Bitte richtig gut und wichtig. Darum antwortete Gott: „Salomo, weil du ein guter Richter sein willst, sollst du bekommen, was du dir wünschst! Ich werde dich so verändern, dass du so weise sein wirst und so kluge Entscheidungen treffen kannst wie niemand sonst.

Nach 1. Könige 3

Wenn wir gerecht sein wollen, brauchen wir dazu Gottes Hilfe. Er kann uns zeigen, wie wir gerechte Entscheidungen treffen können. Braucht ihr Hilfe, um gerecht zu entscheiden? Dann könnt ihr Gott darum bitten.

Was ist gerecht?

Vorsicht, Falle!

Stellt euch vor, jemand sagt zu euch:

- „Es ist gerecht, dass ich mehr Schokolade bekomme, weil ich größer bin als du!"
- „Ich darf das entscheiden, weil ich ein Jahr älter bin."
- „Wer stärker ist, der darf alles bestimmen …"

Ist das wirklich gerecht? Warum oder warum nicht? Wer bestimmt, was gerecht ist? Fallen euch mehr Beispiele ein, die ihr schon erlebt habt?

GOTT LIEBT GERECHTIGKEIT UND RECHT.

PSALM 33,5

Schwarz und Weiß

Wissen

Manche Menschen werden wegen ihrer Hautfarbe ungerecht behandelt.

So war es auch bei Martin Luther King. Er lebte in Amerika. Martin hatte einen richtig guten Freund, aber der Freund hatte eine weiße Hautfarbe. Zum Schulanfang kam Martin in eine Schule für schwarze Kinder und sein Freund in eine Schule für weiße Kinder. Die Eltern seines Freundes sagten: „Du darfst nicht mehr mit unserem Jungen spielen, weil du schwarz bist und er weiß."

Martins Vater sagte ihm damals: „Vor Gott sind alle Menschen gleich." Doch bei den Menschen erlebte Martin richtig viel Ungerechtes. Zum Beispiel war es ja wohl echt ungerecht, dass Schwarze im Bus aufstehen mussten, wenn ein Weißer ihren Platz haben wollte. Oder dass es in der Stadt oft Schilder gab, auf denen stand: „Nur für Weiße". Dann durften dort keine Schwarzen sitzen oder essen.

Martin Luther King wollte, dass alle Menschen in Amerika die gleichen Rechte hätten, egal, woher sie kamen, ob sie weiß oder schwarz waren. Er kämpfte dafür nicht mit Waffen, sondern durch richtig wichtige Reden auf großen Plätzen. Oftmals ging er mit vielen anderen auch auf die Straße mit Schildern und protestierte. Martin Luther King half dabei, dass in Amerika gerechtere Gesetze eingeführt wurden. Und viele unterstützten ihn dabei.

Doch Martin Luther King wurde erschossen. Es gab nämlich auch viele Leute, die gar nicht wollten, dass Schwarze gerecht behandelt wurden. Niemand hätte damals gedacht, dass es einmal einen Präsidenten mit schwarzer Hautfarbe in Amerika geben würde. Das amerikanische Volk ist so dankbar für alles, was Martin Luther für die Gerechtigkeit getan hat, dass es dort jedes Jahr einen Feiertag gibt, an dem die Menschen sich an das erinnern, was er getan hat.

Kennst du Menschen, die ungerecht behandelt werden, weil sie anders aussehen oder irgendwie anders sind? Vielleicht sogar ganz in deiner Nähe? Möchtest du helfen, dass sie gerechter behandelt werden?

Gerecht oder nicht?

Unfug

Schaut euch mal folgende Situationen an. Was ist gerecht? Warum oder warum nicht?

- Es ist richtig ungerecht, dass der Lehrer nicht allen Kindern eine Eins in der Klassenarbeit gibt. Schließlich kann ich nichts dafür, dass ich Mathe nicht mag.
- Wenn Mama uns eine Tüte Chips schenkt, dann teilen wir jedes Chipsteilchen. Nur so ist es besonders gerecht. Ist ja nicht so schlimm, wenn die Chips dabei zerbröseln.
- Ich finde es ungerecht, wenn mein Bruder ein größeres Eis bekommt als ich. Aber wenn ich mehr Nachtisch bekomme als er, finde ich das nicht ungerecht.
- Meine kleine Schwester hat Geburtstag und bekommt Geschenke. Ich kriege nichts. Das ist wirklich ungerecht.

Können Menschen eigentlich total gerecht sein? Versucht mal, einen Obstsalat gerecht aufzuteilen. Schafft ihr das? Oder sind in der einen Portion mehr Bananenstücke, in der anderen dafür mehr Mandarinenstücke? Hm, und was jetzt? Wie wäre es, wenn einer den Obstsalat in die Schälchen aufteilt, der andere aber zuerst seine Portion auswählen darf? Ist das gerecht?

Manchmal gibt es mehrere Möglichkeiten, gerecht zu sein. Wenn man miteinander darüber spricht, findet man die beste Möglichkeit heraus.

Gutes & Mutiges

Action!

Gibt es in eurer Klasse oder Kindergruppe ein Kind, das richtig ungerecht behandelt wird? Vielleicht lachen es alle aus? Oder niemand möchte neben dem Kind sitzen? Dann könnt ihr etwas ändern. Ihr könnt laut sagen: „Das finde ich ungerecht." Und dann könnt ihr etwas tun, was gerecht ist. Wenn Jannes zum Beispiel nie mitspielen darf, dann kann jemand sagen: „Das ist ungerecht. Ich möchte, dass Jannes mitspielt."

Vielleicht habt ihr Angst, dass die anderen das nicht gut finden. Aber wenn man gerecht ist und anderen damit etwas Gutes tut, dann macht das richtig froh. Und manchmal wird man sogar von den anderen dafür bewundert.

Gottes Wort

Wenn wir aber unsere Sünden bekennen,
dann erfüllt Gott seine Zusage treu und gerecht:
Er wird unsere Sünden vergeben und uns von allem Bösen reinigen.

1. Johannes 1,9

Früher wurden schlimme Verbrecher zur Strafe an ein Kreuz genagelt. Sie mussten dort unter schrecklichen Qualen sterben. Jesus, der Sohn Gottes, starb am Kreuz, obwohl er kein Verbrecher war und nie etwas Böses getan hatte. Nicht einmal das kleinste bisschen. Er ließ sich freiwillig so ungerecht behandeln. Warum eigentlich?

Für uns tat er das. Aus Liebe.

Eigentlich hätten nämlich wir eine schlimme Strafe verdient. Denn wir waren schließlich keine Freunde von Gott und haben öfters falsche Dinge getan. Aber Gott wollte uns keine schlimme Strafe geben. Wir hätten sie auch nie selbst tragen können. Deshalb schickte er seinen eigenen geliebten Sohn in die Welt. Und Jesus nahm am Kreuz unsere Strafe auf sich. Das tat er, damit wir unsere Strafe nicht bekommen müssen, wenn wir an ihn glauben.

Jesus starb für uns. Aber nach drei Tagen hat Gott ihn wieder lebendig gemacht. Jesus lebt und liebt uns. Möchtest du sein Geschenk der Vergebung annehmen? Glaubst du an Jesus und möchtest ihn um Entschuldigung bitten für alles, was du falsch gemacht hast? Vor allem dafür, dass er dir bisher nicht so wichtig war?

Verzeihen

Bärbel Löffel-Schröder

Das Zeichen

Los geht's!

Ein junger Mann saß allein im Bus. Ängstlich starrte er aus dem Fenster und klammerte sich am Sitz fest. Eine alte Dame merkte, dass er Angst hatte. Eigentlich saß sie auf der anderen Seite des Ganges, aber sie spürte, dass sie mit dem jungen Mann reden sollte.

„Darf ich mich neben Sie setzen?“, fragte sie freundlich und lächelte ihn an.

Der junge Mann nickte, blieb aber stumm. Erst als der Bus die ersten Häuser einer kleinen Stadt erreichte, fing er an zu reden: „Ich habe zwei Jahre im Gefängnis gesessen. Heute Morgen wurde ich entlassen und jetzt fahre ich nach Hause.“

Er erzählte ihr, dass seine Eltern sich sehr für das schämten, was er getan hatte. In den ganzen zwei Jahren hatte er nichts von ihnen gehört. Er wusste, dass sie nicht genug Geld hatten, um ihn zu besuchen. Sie konnten auch nicht gut schreiben und hatten ihm wahrscheinlich deshalb nie einen Brief geschickt. Er hatte auch aufgehört, ihnen zu schreiben, als er nie eine Antwort bekam. Drei Wochen vor seiner Entlassung hatte er ihnen einen letzten Brief geschrieben. Er hatte ihnen gesagt, wie traurig er darüber war, dass er sie enttäuscht hatte, und bat sie: „Bitte vergebt mir.“

„Ich habe meinen Eltern erklärt, dass ich bald entlassen werde“, fuhr er fort. „Und dass ich mit dem Bus nach Hause komme. Wissen Sie, der Bus fährt direkt am Garten meiner Eltern vorbei. Deshalb habe ich sie um ein Zeichen gebeten: *Wenn ihr*

mir verzeihen könnt, gebt mir bitte ein Zeichen, das ich vom Bus aus sehen kann. Wenn ihr mir verzeiht und wollt, dass ich nach Hause komme, dann knotet doch ein weißes Tuch in den Apfelbaum vorm Haus. Wenn kein Zeichen da ist, dann bleibe ich einfach im Bus sitzen und ich werde euch nie wieder stören."

Der junge Mann hatte ihnen auch in seinem Brief geschrieben, dass er es verstehen würde, wenn sie ihm nicht verzeihen könnten und ihn nicht sehen wollten. Aber er hoffte so sehr, dass seine Eltern ihn wieder bei sich haben wollten.

Als der Bus nun seiner Straße näherkam, wurde der junge Mann immer aufgeregter. Bald getraute er sich gar nicht mehr, aus dem Fenster zu schauen. Er war sich sicher, dass kein weißes Tuch im Baum hängen würde.

Die alte Frau bot ihm deshalb an, für ihn aus dem Fenster zu schauen. Und dann sah sie den Apfelbaum. Sie berührte den jungen Mann an der Schulter und rief: „Sehen Sie nur! Oh, sehen Sie doch nur! Sie können nach Hause. Der ganze Baum hängt voller weißer Tücher."

Das ist eine wahre Geschichte! Stellt euch vor, ihr wärt dabei gewesen, als der junge Mann seine Eltern wiedergesehen hat. Erzählt die Geschichte weiter. Habt ihr schon mal jemanden um Verzeihung gebeten? Was fiel euch dabei schwer? Und wie habt ihr euch danach gefühlt?

Ein Gauner verändert sich

Spannendes aus der Bibel

Jesus war mit seinen Jüngern in einer Stadt, die Jericho hieß. Dort lebte Zachäus. Der war sehr, sehr reich. Denn er war der Chef der Zolleinnehmer. Er hatte also die Aufgabe, von den Leuten Geld einzukassieren. Aber Zachäus hatte sein vieles Geld nicht ehrlich verdient. Er hatte die Leute angelogen und einfach gesagt, sie müssten mehr bezahlen. Und den Rest von dem Geld hatte er sich in seine eigene Tasche gesteckt.

Zachäus war es total wichtig, Jesus zu sehen. Doch wie sollte das gehen? Er war sehr klein und eine ganze Menge Leute versperrten ihm den Weg. Doch plötzlich hatte Zachäus eine Idee. Er rannte einfach ein Stück vor den anderen her und kletterte auf einen Baum am Rand des Weges. Er atmete auf: Ja, von hier aus konnte er alles sehen.

Als Jesus in der Nähe des Baumes war, schaute er plötzlich genau in Zachäus' Gesicht. Und, ja tatsächlich, er redete ihn mit Namen an: „Zachäus, komm schnell runter. Ich möchte dich heute zu Hause besuchen!" Das musste er Zachäus nicht zweimal sagen. Schwupp, stieg er vom Baum runter und war richtig glücklich, als er Jesus mit in sein Haus nahm. Die anderen Leute regten sich über Jesus auf: „Wie kann er nur zu Besuch zu so einem Gauner und Betrüger gehen?"

Und dann geschah etwas Unglaubliches: Zachäus wollte alles wiedergutmachen. Doch es reichte ihm nicht, sich nur mit Worten zu entschuldigen oder

„Tschuldigung" zu sagen. Er wollte mit Taten zeigen, dass es ihm wirklich leidtat. Und da hatte er eine Idee. Er sagte zu Jesus: „Ich werde die Hälfte meines Geldes an Leute verteilen, die arm sind, und wem ich zu viel abgenommen habe, dem gebe ich vier Mal so viel zurück."

Was meint ihr: Warum reicht es manchmal nicht, sich nur mit Worten zu entschuldigen?
Warum war es Zachäus plötzlich so wichtig, alles wiedergutzumachen?

Nicht so schlimm?

Vorsicht, Falle!

Manchmal sagen Menschen einfach nur Entschuldigung, ohne dass es ihnen leidtut. Wir spüren dann, dass es nicht echt ist und dann nützt die Entschuldigung nichts. Doof ist es auch, wenn jemand das Wort „Entschuldigung" in einem frechen Ton sagt, denn das tut dem anderen doppelt weh.

Vielleicht denkt ihr auch, wenn man verzeiht, sagt man damit: „Das war nicht so schlimm!" Aber das stimmt nicht. Man kann ja nur verzeihen, wenn etwas schlecht war. Verzeihen heißt auch, auf Böses nicht mit Bösem zu antworten.

Wissen

Als Krieg war und die Menschen, die Juden waren, in Holland verfolgt wurden, hat eine Frau vielen Juden geholfen. Ihr Name war Corrie ten Boom und sie glaubte an Jesus und wusste, wie sehr Jesus die jüdischen Menschen liebt.

Sie versteckte sogar einige Juden in ihrem Haus. Weil es streng verboten war, heimlich Juden zu helfen, kam sie in ein ganz furchtbares Gefängnis. Sie und ihre Schwester Betsie mussten sehr viel arbeiten, bekamen wenig zu essen und wurden von grausamen Aufsehern bewacht.

Als Corrie ten Boom aus dem schlimmen Gefängnis entlassen wurde, reiste sie durch die ganze Welt und erzählte den Menschen von Jesus und wie sehr er die Menschen liebt. Dabei traf sie auch einen der grausamen Aufseher. Er war inzwischen Christ geworden und fragte Corrie ten Boom nun, ob sie ihm verzeihen könne. Sie wusste, dass sie ihm verzeihen sollte, weil Gott will, dass wir den Menschen vergeben. Sie wusste auch, dass verzeihen guttut. Aber zuerst konnte sie es nicht. Dann betete sie um Hilfe und gab diesem Mann die Hand. In diesem Moment spürte sie, wie Jesus ihr eine heilsame Wärme in ihren ganzen Arm und in ihre Hand gab. Die beiden umarmten sich.

Gott hat Corrie ten Boom geholfen, dass sie nicht nur diesem Mann, sondern vielen anderen Menschen verzeihen und ihnen Güte zeigen konnte.

Fällt es euch auch manchmal richtig schwer zu verzeihen? Vielleicht möchtet ihr Gott auch um Hilfe bitten?

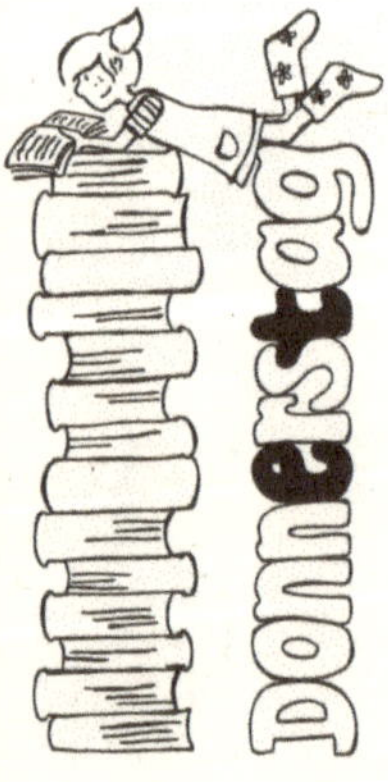

Komische Entschuldigungen

Unfug

Denkt euch komische Entschuldigungen aus, so wie …

- „Entschuldigung, Herr Lehrer, dass ich so lachen muss, aber Sie sehen heute richtig komisch aus."
- „Entschuldige, Mama, aber ich konnte mein Zimmer nicht aufräumen, weil meine Puppe keine Lust hatte, mir zu helfen."
- „Entschuldigung, dass ich den Aufsatz nicht geschrieben habe. Ich musste gestern unbedingt Computerspiele machen und hatte deshalb keine Zeit für die Hausaufgaben."
- „Nina, tut mir leid, ich musste deiner Puppe die Haare abschneiden, sie sah mit den langen Haaren einfach zu blöd aus."
- „Ach, Papa, entschuldige, dass ich deine Schokolade gegessen habe. Ich dachte, ich esse sie lieber, denn du bist sowieso schon zu dick."

Entschuldigen

Action!

Jeder kann einmal überlegen: Fällt dir jemand ein, bei dem du dich entschuldigen möchtest?

Besonders gut ist es, wenn man dem Kind oder Erwachsenen, bei dem man sich entschuldigt hat, noch eine Freude macht. Dann merkt der andere, dass er dir wichtig ist. Überleg dir etwas, worüber sich der andere besonders freut. Das muss kein Geschenk sein. Du kannst vielleicht mit deiner kleinen Schwester ein Spiel machen, was ihr besonders gut gefällt. Oder du sagst deiner Mutter oder deinem Vater etwas Schönes, z. B. dass du sie lieb hast oder dass sie toll sind.

Bestimmt hast du noch bessere Ideen. Probiere sie aus!

Verzeihen

Oder vielleicht hat dir jemand wehgetan. Wenn uns jemand schlecht behandelt hat, möchten wir manchmal am liebsten beleidigt sein und dem anderen nicht mehr verzeihen. Wir sagen vielleicht: „Mit Mia spiele ich nie mehr, die hat mich beleidigt.“ Oder: „Der Paul war heute so böse zu mir, mit dem spreche ich kein Wort mehr.“

Jesus verzeiht uns alles Böse, wenn wir ihn darum bitten. Aber dazu gehört, dass wir auch den Menschen verzeihen, die uns Böses getan haben. Jesus hilft uns sogar dabei, damit wir das tun können.

Du kannst Jesus sagen, wer dir etwas Böses getan hat: „Mia hat mich beleidigt." Und dann kannst du zu Jesus sagen: „Ich verzeihe Mia."

Dem anderen verzeihen ist kein Gefühl, sondern eine Entscheidung. Sogar wenn wir uns gar nicht danach fühlen, können wir sagen: „Ich verzeihe dem anderen." Das gilt sogar dann, wenn der sich gar nicht bei uns entschuldigt hat. Und wir werden merken: Verzeihen tut auch einem selbst gut!

Das tiefe Meer

Gottes Wort

Vor mehr als 50 Jahren erforschten ein Schweizer und ein Amerikaner mit dem Tauchboot die Tiefe des Meeres. Als sie 1000 Meter tief waren, war es um sie herum schon total dunkel.

Später fanden sie heraus, dass sie die tiefste Stelle eines Meeres entdeckt haben: den Marianen-Graben im Pazifik. Das Wasser ist dort fast 11000 Meter tief.

In der Bibel steht (Micha 7,19b), dass Gott alle unsere Sünden in die Tiefe des Meeres wirft. Das heißt: Wenn wir uns bei Gott entschuldigen für etwas, was wir falsch gemacht haben, dann verzeiht er uns. Und dann ist das, was wir falsch gemacht haben, so weit weg, als wenn es ganz tief unten im Meer liegen würde und man es nicht mehr sehen kann.

Gottes Wort

Vielleicht vergessen wir manchmal, dass Gott uns gern verzeiht, und versuchen das zu verstecken, was nicht schön ist. Dabei freut Gott sich, wenn wir ihm nicht nur die schönen Dinge erzählen, sondern alles bringen, was richtig doof gelaufen ist, was uns leid- oder wehtut.

Wie wäre es, wenn ihr miteinander ein kleines Experiment macht? Jeder, der möchte, darf etwas aufschreiben, wofür er Jesus um Entschuldigung bitten möchte. Die Zettel werden um einen Stein gewickelt. Dann geht ihr an einen Teich, einen See oder vielleicht sogar ans Meer und nehmt die „Zettelsteine" mit. Bevor die Steine geworfen werden, kann jemand den Bibelvers aus Micha 7,19 vorlesen. So wie die „Zettelsteine" untergehen und wir sie nicht mehr sehen, so doll verzeiht uns Jesus, wenn wir uns bei ihm entschuldigen. Das ist natürlich nur ein Experiment. Wenn wir Gott ehrlich um Entschuldigung bitten, dann verzeiht er uns immer – auch ohne dass wir „Zettelsteine" ins Wasser werfen.

Gott wirft unsere Sünden ins tiefste Meer.

Micha 7,19

Liebe

Bärbel Löffel-Schröder

Das schönste Geschenk

Los geht's!

Lara wollte ein Geschenk für ihre Mutter kaufen. Lange hatte sie darauf gespart. Nun hatte sie ihre Mutter gebeten, draußen vor dem Laden zu warten, weil sie sie mit etwas Wunderbarem überraschen würde. Doch als Lara mit geheimnisvollem Gesicht aus dem Laden kam, passierte etwas Schlimmes. Sie hatte nicht mehr daran gedacht, dass sie etwas Zerbrechliches gekauft hatte. Es gab einen hässlichen Knacks, als sie die Tüte fest auf den Boden stellte. Laras Mund verzog sich. „Oh, was war das denn?“, fragte sie. Sie schaute in die Tüte und – schon schossen Tränen in ihre Augen. „Nein“, weinte sie, „jetzt ist mein ganzes Geschenk kaputt. Das war so schön.“

Mit dem, was jetzt geschah, hatte ihre Mutter nicht gerechnet. Lara begann laut zu weinen. Sie schluchzte, als sei etwas Furchtbares passiert. Nichts konnte sie trösten. Auch nicht das Angebot ihrer Mutter, Lara einen Geldschein zu schenken, damit sie ein neues Geschenk kaufen könnte. Plötzlich fiel der Mutter etwas ein. „Danke für dein schönes Geschenk“, sagte sie.

Lara schaute sie mit tränennassen Augen an. „Mein Geschenk, Mama? Ich hab doch kein Geschenk, nur etwas Kaputtes“, sagte sie. Jetzt nahm die Mutter ihr Kind ganz fest in die Arme und sagte: „Natürlich hast du mir etwas geschenkt, etwas, was man nicht sehen kann. Man kann es nur spüren.“ In Laras Traurigkeit mischte sich ein kleines bisschen Neugierde. „Was denn?“, fragte sie, und ihre Worte wurden durch Schluchzen unterbrochen.

„Du hast mir Liebe geschenkt“, sagte die Mutter. „Und Liebe ist das allerschönste Geschenk.“ Lara schaute sie mit weit geöffneten Augen an. Sie lag jetzt ganz still im Arm ihrer Mutter. Nur noch ein kleines Schniefen erinnerte an ihren Schreck. „Ich hab dich ja auch lieb“, sagte sie. „Echt, Mama!“

„Ich dich auch. Ganz echt“, antwortete die Mutter und lächelte ihre Tochter an.

Glaubt ihr auch, dass Liebe das beste Geschenk ist – besser als ein Geschenk zum Spielen?
Warum oder warum nicht?

Wahre Liebe

Spannendes aus der Bibel

Jesus besuchte Simon, einen Mann, der sehr darauf achtete, dass alle Gesetze eingehalten wurden. Jesus ging in sein Haus und legte sich zum Essen zu Tisch, so wie das früher alle Leute machten. In dieser Stadt lebte eine Frau, von der die Leute wussten, dass sie richtig viel Böses getan hatte.

Als diese Frau hörte, wo Jesus war, kam sie auch in dieses Haus, in der Hand ein Fläschchen voll kostbarem Parfüm. Das Parfüm war nicht einfach etwas, das sie übrig hatte, sondern es war sehr, sehr viel wert. Weinend ging sie auf Jesus zu. Vielleicht weinte sie, weil ihr nochmal alles eingefallen war, was sie falsch gemacht hatte. Oder sie weinte aus Liebe und weil sie nun nahe bei Jesus sein konnte. Wahrscheinlich glaubte sie seit Kurzem an seine Liebe und Vergebung. Sie weinte so sehr, dass ihre Tränen auf die Füße von Jesus fielen. Sie hatte kein Handtuch mit und trocknete die Tränen mit ihren Haaren ab. Sie drückte viele Küsse auf Jesu Füße – so zeigten die Leute damals, dass sie jemanden als Herrn oder König anerkannten. Und dann rieb sie seine Füße mit dem Parfüm ein.

Simon, der Jesus eingeladen hatte, sah das. Er dachte: Wenn Jesus wirklich Dinge von Gott hört, dann wüsste er ja wohl, was für eine böse Frau das ist. Er müsste wissen, was sie für schlimme Dinge tut. Natürlich wusste Jesus, was für eine Frau das war. Aber er wusste auch, warum diese Frau ihm sehr viel Liebe gezeigt hatte. Das versuchte er Simon zu erklären: „Simon“, sagte Jesus. „Ich kam mit staubigen Füßen zu dir, aber du gabst mir kein Wasser für meine Füße. Diese Frau hat mir mit ihren Tränen die Füße gewaschen. Und seit sie hier ist, hat sie mir die ganze Zeit meine Füße geküsst. Simon, du hast mir keinen Kuss zur Begrüßung gegeben, du hast mir auch meinen Kopf nicht mit gut riechendem Öl eingerieben. Aber diese Frau hat sogar meine Füße mit wertvollem Parfüm eingerieben. Alles Böse ist ihr vergeben worden. Und darüber hat sie sich so gefreut, dass sie mir besonders viel Liebe gezeigt hat. Wenn aber jemand denkt, dass er nicht viel falsch gemacht hat, für das er Vergebung braucht, der wird mir auch nicht so viel Liebe zeigen.“

Die Frau freute sich sehr, als Jesus zu ihr sagte: „Deine Schuld ist dir vergeben!“

Nach Lukas 7

Diese Frau hat Jesus ihre Liebe gezeigt. Was denkt ihr, worüber hat Jesus sich mehr gefreut: über das Parfüm oder über die Liebe der Frau? Und warum?

Komische Liebe

Vorsicht, Falle!

Manchmal wollen wir mit dem Wort Liebe erreichen, dass andere etwas für uns tun. Das ist aber keine echte Liebe, sondern so etwas wie Erpressung.

Überlegt mal, was stimmt an diesen Sätzen nicht:

- „Mama, wenn du mich wirklich lieb hättest, dann würdest du mir erlauben, heute ins Kino zu gehen."
- „Papa, du hast mich wohl nicht lieb, wenn du mir noch nicht mal das ferngesteuerte Auto kaufst."
- „Emilia, du hast mich doch lieb. Also räum dein Zimmer auf."
- „Mami, ich hab dich sooo lieb, kaufst du mir ein Eis?"
- „Papa, wenn du mit mir in den Zoo gehst, habe ich dich noch viel lieber als sonst."
- „Fabi, wenn du mir zeigen willst, dass du mich lieb hast, dann iss den Spinat, auch wenn du ihn nicht magst."

Jeder muss selbst entscheiden, wie er seine Liebe zeigen möchte. Das kann ein anderer ihm nicht vorschreiben.

Die fünf Sprachen der Liebe

Wissen

Es gibt verschiedene Arten, Liebe zu zeigen. Nicht bei jedem kommt alles gut an, auch wenn es total lieb gemeint ist. Manch einer möchte gern umarmt werden; andere fühlen sich geliebt, wenn man ihnen hilft. Dabei gibt es keine Art, die „besser" ist, Liebe auszudrücken, nur Arten, wie Liebe bei anderen besser ankommt.

- Worte, die aufbauen, wie ein Lob: „Mensch, kannst du toll turnen. Ich bin total stolz auf dich."
- Berührungen, die guttun, wie sich an den Händen halten oder umarmen.
- Hilfe, die sagt „Du bist es mir wert!". Wenn Mama dir hilft, dein Zimmer aufzuräumen oder Hausaufgaben zu machen.
- Geschenke, die etwas bedeuten, wie ein paar Blümchen oder Lieblingsschokolade.
- Zeit – nur für dich. Manchen tut es gut, wenn andere sich richtig Zeit nehmen, zuhören, ganz da sind zum Spielen, Quatschen, einfach Zusammensein.

Überlegt jeder mal: Was kommt bei dir am besten an? Wann fühlst du, dass dich jemand richtig lieb hat? Kannst du dich an ein Beispiel erinnern? Was kommt nicht so richtig an, auch wenn es lieb gemeint ist? Und weißt du, welche „Sprache der Liebe" andere sprechen?

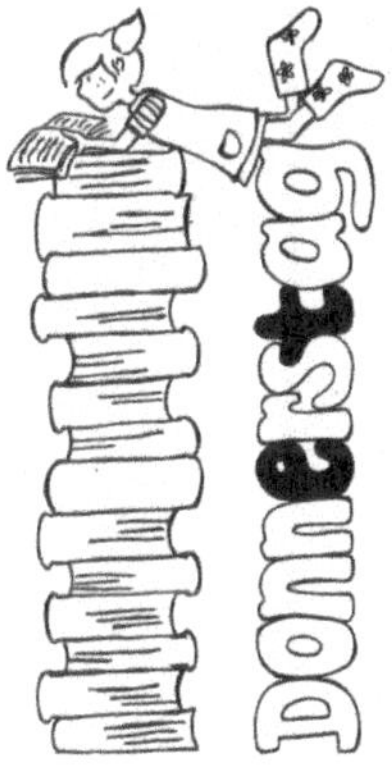

Nach Gary Chapmans Konzept „Fünf Sprachen der Liebe", auf Deutsch erschienen im Verlag der Francke-Buchhandlung, Marburg.

Liebe oder nicht?

Unfug

Manchmal ist Liebe auch total verrückt. Besonders verliebte Pärchen machen manchmal ganz schön Verrücktes.

Überlegt euch mal, was ist Liebe – und was eher nicht.

- „Leonie, ich bin so verliebt – ich kann nachts nicht mehr schlafen."
- „Papa, ich liebe die Computerspiele so sehr, ich muss einfach mindestens drei Stunden am Tag spielen!"
- „Leni, ich mag dein Kuscheltier so sehr. Du musst es mir unbedingt schenken!"
- „Papa, du hast ja mal gesagt, dass du gern staubsaugst, weil du Mama damit deine Liebe zeigen willst. Dann kannst du das jetzt mal schön tun, denn mir ist 'ne ganze Tüte Chips im Wohnzimmer ausgekippt."
- „Mama, ich mag deinen Nusskuchen sooo sehr. Fast hätte ich mir ein paar Stücke abgeschnitten. Aber ich wollte warten, weil ja morgen Omas Geburtstag ist."
- „Lukas, ich bin so verliebt – ich muss gar nichts mehr essen!"

Ihr könnt auch mal „verliebt" spielen. Was ist bei Verliebten ganz schön lustig – wie sie jemanden anschauen, reden oder was sie sagen?

Action!

Was bleibt, sind Glaube, Hoffnung, Liebe. Die Liebe aber ist das Größte.

1. Korinther 13,13

Liebe ist unsichtbar, aber wir können sie sichtbar machen. Überlegt jeder mal wie. Wie kannst du in deiner Familie oder bei deinen Freunden oder Freundinnen Liebe sichtbar machen? Finde heraus, welche Sprache der Liebe die anderen sprechen, und denk dir etwas aus. Probier es aus und frag auch mal, ob die Liebe richtig angekommen ist.

Vielleicht darfst du dir auch etwas von deinen Eltern oder Freunden wünschen: ein paar gute Worte, ein bisschen Zeit allein oder ein besonderes Geschenk.

Das Wichtigste

Gottes Wort

Ein Mann, dem Gottes Gebote unheimlich wichtig waren, fragte Jesus: „Lehrer, welches ist das wichtigste Gebot des Gesetzes?“ Jesus sagte: „Du sollst den Herrn, deinen Gott, lieben von ganzem Herzen, mit ganzer Seele und mit deinem ganzen Verstand! Das ist das erste und wichtigste Gebot. Ebenso wichtig ist aber das zweite: ‚Liebe deine Mitmenschen wie dich selbst!‘“ (Matthäus 22,37-39).

Das Schönste für Jesus ist, wenn wir ihn lieb haben und diese Liebe zeigen. Das Tolle dabei ist: Jesus versteht jede Sprache, egal, ob Worte, besondere Geschenke oder wenn wir anderen helfen. Vielleicht möchtest du ein Herz ausschneiden und es in deinem Zimmer aufhängen. Dabei kannst du sagen: „Jesus, ich hab dich lieb.“ Oder du schreibst etwas Tolles für Jesus auf oder flüsterst ihm etwas Schönes zu. Du kannst ihn auch loben, weil er so gut ist. Oder einem Menschen, dem es nicht so gut geht, etwas Gutes tun, weil du Jesus liebst. Bestimmt hast du selbst ganz tolle Ideen. Es kommt nicht so sehr darauf an, was du machst, sondern dass du es aus Liebe zu Jesus tust.

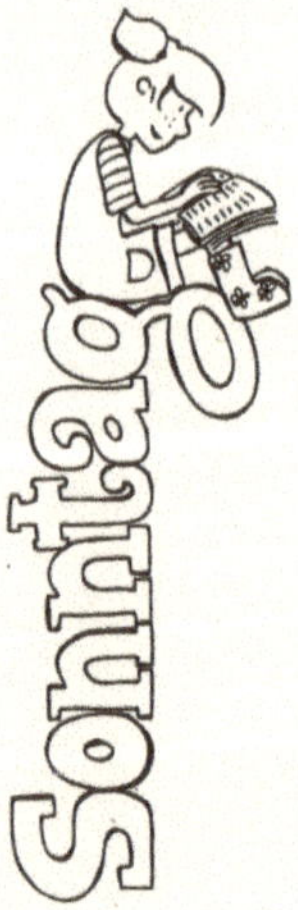

Klugheit

Ines Maynard

Erfahrungen sind wie Samenkörner,
aus denen die Klugheit emporwächst.
Konrad Adenauer

Schlau oder dumm?

Los geht's!

Es war einmal ein Mädchen, das hieß Sophia. Die hatte große Angst vor Fehlern. „Ich muss alles perfekt machen“, sagte Sophia sich, „sonst bin ich dumm.“ Sie saß gerade an ihrem Schreibtisch und machte Mathe-Hausaufgaben. Da kam ihre Mutter herein und schaute über ihre Hausaufgaben. Dabei entdeckte sie einige Fehler und versuchte, ihr noch mal einiges zu erklären.

„Ach, das weiß ich schon“, sagte Sophia. „Das weiß ich schon.“ Denn Fehler waren ihr immer sehr peinlich. Sie bemühte sich ganz doll, keine Fehler mehr zu machen. Wenn ihr dann doch welche passierten, versuchte sie, alles Verpatzte schnell zu verstecken, und sagte: „Ach, das weiß ich schon. Das weiß ich schon.“

Dummerweise passierten ihr immer mehr Fehler, besonders dann, wenn sie sich besonders anstrengte, alles richtig zu machen. Denn sie machte einfach weiter wie bisher. Sie sagte immer mehr Falsches – und bald steckte sie in einem richtig großen Schlamassel. Sie wusste einfach nicht mehr weiter.

Als sie nach Hause kam, sah ihre Mutter, wie traurig sie aussah.

„Was ist denn los, mein Kind?“, fragte die Mutter. „Stimmt irgendwas nicht?“

Endlich platzte es aus Sophia heraus: „Mama, ich glaube, ich bin dumm. Ich mache ständig Fehler – und ich kann nichts dagegen tun. Es ist ein solcher Mist!“

Da fing die Mutter an zu lachen. „Aber du bist doch nicht dumm, mein Kind! Fehler sind Mist. Das stimmt. Aber du kannst dich entscheiden, was du mit dem Mist machst. Versteckst du ihn in der Ecke – dann stinkt's einfach nur! Oder bringst du ihn raus ins Freie und lernst daraus. Dann ist er Dünger und ganz Neues kann darauf wachsen. Dumm ist nicht der, dem Fehler passieren. Dumm ist der, der zu schnell aufgibt und nichts aus seinen Fehlern lernt. Kluge wissen: Es gibt viel zu lernen und Fehler sind super Dünger fürs Leben."

Ist dir schon mal ein richtig schlimmer Fehler passiert? Wie reagierst du, wenn dir Fehler passieren? Hast du auch manchmal Angst, dass du dumm sein könntest?

Spannendes aus der Bibel

Der größte Wunsch

Eines Nachts erschien Gott dem neuen König Salomo. „Was wünscht du dir mehr als alles andere?“, fragte Gott und sagte weiter: „Bitte mich, um was du willst, und ich werde es dir geben.“

„Alles?“, fragte Salomo.

„Alles, um was du mich bittest“, antwortete Gott.

Salomo mochte Gold. Und große Siege. Er wollte lange leben. Aber er liebte Gott. Vor allem wollte er ein guter König sein. „Am liebsten würde ich weise sein“, sagte Salomo. „Bitte schenk mir Weisheit, damit ich ein guter König sein kann.“ Die Antwort gefiel Gott. „Du sollst Weisheit haben“, sagte Gott, „und Reichtum und Ruhm obendrein! Deinen Namen sollen alle kennen!“

Und so war es! Er wurde der weiseste König in Israel. Salomo wählte weise, erteilte genialen Rat und er baute einen Tempel, in dem das Volk Gott anbeten konnte. Sie feierten ein rauschendes Fest.

„Gott ist gut!“, sagte Salomo. „Gott hält seine Versprechen! Er schenkt uns Leben.“ Salomo war weise. Er gab Gott die Ehre. Auch für seine Weisheit.

Nach 1. Könige 3,5-15; 8,54-66; 10,1-29

Ganz schön clever: Klug ist, wer zugibt, dass er nicht genug weiß, und Gott um Weisheit bittet.
Was ist euer größter Wunsch?
Möchtet ihr Gott auch um Weisheit bitten?

Vorsicht, Falle!

„Verlass dich nicht auf deinen Verstand“, schreibt König Salomo in der Bibel (Sprüche 3, 5). Könnt ihr euch das vorstellen, der weiseste, schlauste König rät das?! Er sagt: Verlass dich zu allererst auf Gott. Warum wohl?

Manchmal kommen wir uns sehr klug vor oder leben nur nach dem, was am logischsten erscheint. Doch manchmal fordert uns Gott auch heraus, etwas zu tun, das auf den ersten Blick nicht so logisch aussieht: großzügig zu sein, auch wenn wir nichts zurückbekommen; nett zu Leuten zu sein, die gemein zu uns waren … Gottes Gedanken viel höher sind als unsere. Er blickt weiter als wir können. Deshalb ist er der beste Reiseführer für unser Leben.

Lest doch mal die Verse gemeinsam durch und sprecht darüber. Worauf sollen wir uns verlassen?

Verlass dich nicht auf deine eigene Urteilskraft, sondern vertraue voll und ganz dem Herrn! Denke bei jedem Schritt an ihn; er zeigt dir den richtigen Weg und krönt dein Handeln mit Erfolg. Halte dich nicht selbst für klug; gehorche Gott und meide das Böse! Das heilt und belebt deinen ganzen Körper, du fühlst dich wohl und gesund.

Sprüche 3,5-7

Dein Drei-Pfund-Wunder

Wissen

Vieles an deinem Körper ist unglaublich genial gemacht. Welcher Teil, meinst du, ist besonders erstaunlich? Dein Herz, dein Auge, deine Hände? Nein, das größte menschliche Wunderding ist wahrscheinlich das Gehirn! So klein – es wiegt immerhin nur zwischen 1000 und 1400 Gramm – und so viel Leistung!

Hier nur einige wenige Fakten:

- Dein Gehirn besteht aus 100 Milliarden bis 1 Billion Nervenzellen (Neuronen), die Hauptbausteine des Gehirns. Und jede Nervenzelle hat 1000 bis 10.000 Synapsen, also Anschlüsse, die Verbindungen zu anderen Nervenzellen herstellen.
- Dein Gehirn ist ein Netzwerk, das über 100 Kilometer lang ist!
- Dein Gehirn ist ein Labor – es produziert nach komplizierten Rezepten chemische Stoffe (Neurotransmitter).
- Dein Gehirn ist ein Kraftwerk – es produziert elektrische Impulse.
- Dein Gehirn kann nicht nur denken (Was esse ich heute zum Mittag?), sondern auch spüren (Mir ist kalt.), fühlen (Liebe, Hass, Trauer, …), lernen (z. B. Fahrradfahren) und Informationen speichern (deine Telefonnummer).
- Dein Gehirn ist ein riesiges Kontrollzentrum. Es steuert alles in deinem Körper, auch vieles, was automatisch abläuft: dass dein Herz schlägt, deine Lunge atmet, dein Magen verdaut …

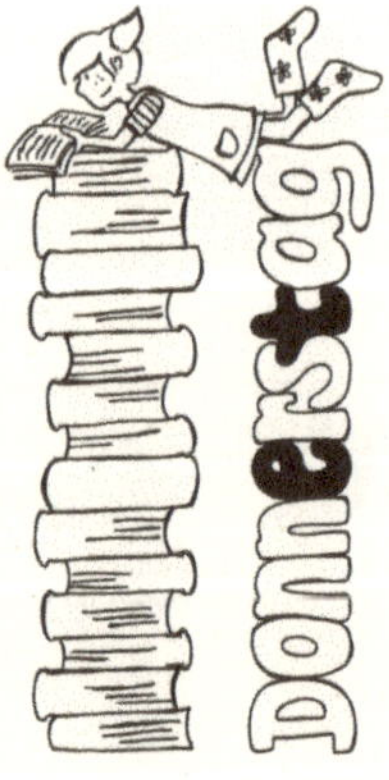

Weisheit löffeln!

Kennt ihr den Spruch: „Der hat die Weisheit mit Löffeln gegessen“? Daher kommt der Name des Spiels. Ihr braucht:

- einen Topf (mit etwas Leckerem füllen: Schokolade, Gummibärchen, Nüsse, Weintrauben etc.)
- einen Löffel pro Person
- gute Ideen!

Der Topf steht in der Mitte. Nun geht es fröhlich reihum durch die Runde. Würfelt, wer anfangen darf. Der oder die klopft einen „schlauen Spruch“. Dafür hat jeder etwa zehn Sekunden Zeit. Wenn er einen Spruch geklopft hat, darf er oder sie mit dem Löffel etwas aus dem Topf fischen. Der Spruch kann ein Bibelvers sein, ein Zitat aus einem Film, ein eigener Gedanke oder ein Zitat, lustig oder ernst – wie ihr möchtet. Ihr könnt vorher Sprüche auswendig lernen, Notizzettel mitbringen oder euch spontan etwas einfallen lassen wie:

- „Die Furcht des HERRN ist der Anfang der Erkenntnis.“ Salomo
- „Dumm ist, wer Dummes tut.“ Forest Gumb
- „Ich weiß, dass ich nichts weiß.“ Sokrates
- „Klug ist, wer weit voraussieht …“

Wenn jemandem nach 10 Sekunden nichts einfällt, ist der Nächste dran. Einen Spruch doppelt kloppen ist nicht erlaubt. Wer am meisten gelöffelt hat, hat gewonnen.

Mein schlimmster Fehler

Action!

Erzählt euch gegenseitig von einem eurer übelsten Fehlern: Was ist mal so richtig schiefgelaufen? Dein größter Fehler. Die schlimmste Peinlichkeit. Was kannst du daraus lernen? Was willst du anders machen?

Was Neues lernen

Probiert etwas Neues aus. Geht in ein spannendes Museum. Interviewt einen Experten. Oder schaut euch eine wissenschaftliche Sendung an – das kann so leicht sein wie die Sendung mit der Maus bis hin zu einem richtig wissenschaftlichen Bericht.

„Seid klug wie Schlangen …“ – das rät Jesus seinen Jüngern, als er sie in die Welt aussendet. Er wusste, dass sie es nicht nur leicht haben werden, wenn sie für ihn leben und anderen von ihm erzählen. Manche Menschen werden sie nicht mögen und gegen sie kämpfen.

Interessant ist, dass Jesus gerade diese Tiere als Vergleich nimmt. Schlangen sind nämlich nicht so schlau. Ihr Gehirn ist klein und primitiv. Die meisten können kaum etwas lernen oder sich etwas merken. Dennoch sind sie einige der besten Jäger, die auf der ganzen Welt gefürchtet werden. Sie kommen mit sehr wenig aus, haben ein unglaubliches Gespür, sind sehr aufmerksam und völlig praktisch auf ein Ziel ausgerichtet. Sie lassen sich kaum ablenken.

Tauben dagegen sind sehr schlaue Tiere. Sie können sehr viel lernen und sich lange Strecken merken. Aber sie sind sehr friedlich und ahnen oft nichts Böses. Deshalb könnte eine Schlange eine Taube töten, obwohl die Taube viel schlauer ist.

Was könnte Jesus also gemeint haben? Überlegt mal.

Wagnisse

Claudia Weiand

Der Sprung

Los geht's!

„Okay“, rief Moritz, „ich spring jetzt!“

In winzigen Tippelschritten schlich er bis zum Ende des Bretts. „Ich mach das echt!“

Sein Vater schwamm unten. Weit unten. Und er sah zu ihm hoch.

„Kein Problem! Spring ruhig!“, rief er. „Ich bin bei dir, sobald du im Wasser landest!“

Moritz nickte. Das Sprungbrett wippte ein wenig und Moritz sog die Luft scharf ein. Jetzt bloß keine falsche Bewegung machen! Die Leute, die auf der Wiese lagen, sahen aus wie kleine Puppen. Bunte Handtuchflecken, da hinten der Spielplatz und das Babybecken. Und unter ihm das tiefe Springerbecken. Wow! Da sollte er lieber nicht hinschauen! Auf keinen Fall runtergucken. Seine Hände schwitzten, aber dem Rest seines Körpers war kalt.

„Wird's heut noch was?“, maulte ein Jugendlicher, der hinter ihm an der Leiter stand.

„Hm“, machte Moritz und wünschte den Kerl ganz weit fort.

„Moritz?“, rief sein Vater von unten. „Du brauchst nicht, wenn du nicht magst!“

Moritz konnte seinen Vater nicht sehen. Er durfte schließlich nicht runterschauen. Aber hören konnte er ihn gut. Trotz des Freibadlärms.

„Ich spring jetzt gleich!“, rief Moritz ihm zu und seine Zehen schwebten bereits über dem Abgrund und krallten sich an die vorderste Kante des Sprungbrettes.

„Ist gut. Ich bin da!“, rief sein Vater ihm zu. Und da schloss Moritz die Augen, legte die Arme ganz fest an die Seite an und machte einen großen Schritt nach vorn. Wie ein Pfeil schoss er nach unten und dann schlug bereits das Wasser über seinem Kopf zusammen. Er tauchte tiefer, dann trieb er wieder nach oben und hatte den Kopf aus dem Wasser gesteckt. „Ich hab dich!“, sagte sein Vater und schlang einen Arm um seine Brust.

„Ich weiß!“, sagte Moritz und schielte nach oben zum Sprungturm. „Morgen versuch ich den Fünfer!“

Was war euer letztes Wagnis? Seid ihr das mit jemandem zusammen eingegangen? Oder jeder für sich allein?

Zwei mutige Brüder

Spannendes aus der Bibel

Als Jesus am See von Galiläa entlangging, sah er zwei Brüder: Simon – bekannt unter dem Namen Petrus – und Andreas. Sie warfen gerade ihr Netz aus, denn sie waren Fischer. Jesus sagte zu ihnen: „Kommt, folgt mir!"

nach Matthäus 4,18-19

Vermutlich ist das das größte Wagnis, das man eingehen kann. Wenn Jesus dich ruft mitzugehen. Ohne erst einmal genau zu wissen wohin. Kein Vorabbesuch im Reisebüro. Keine langen Planungen. Einfach los. Wagnis und Vertrauen sind wie zwei fest ineinander verwobene Seile.

Vertraut ihr Jesus? Könnt ihr es wagen?

Augen auf!

Vorsicht, Falle!

Wagnisse und Abenteuer sind etwas Wunderbares! Es gehört Mut dazu, Neues zu entdecken und vertraute Dinge hinter sich zu lassen. Allerdings haben manche Menschen zu viel Mut. Übermut! Sie lassen sich auf Dinge ein, die gefährlich sind. Das machen sogar Kinder schon! Denn manchmal juckt's einen irgendwie. Dann hat man Hummeln im Hintern und da kann man schon mal auf dumme Gedanken kommen! Man fühlt sich stärker und größer, als man wirklich ist. Und plötzlich steckt man mitten im Schlamassel! Manchmal passieren solche übermütigen Sachen auch, weil man sich beweisen möchte. Weil man Sorge hat, sonst als Feigling dazustehen. Weil andere einen anstacheln. Und schwupp macht man bei etwas mit, bei dem man eigentlich gar nicht so gerne dabei sein würde. Und ganz ehrlich: Das machen auch die Erwachsenen manchmal!

Jemand hat mal gesagt: „It's all fun and game – until someone looses an eye!" (Es ist alles Spaß und Spiel – bis einer ein Auge verliert.) Übermut ist gefährlich, weil man meistens Grenzen übertritt, die einen eigentlich schützen sollen.

Deshalb fragt euch beim nächsten Mal, wenn die Hummeln im Hintern schwirren und ein ziemlich verrückter Gedanke in eurem Gehirn tanzt: Ist das ein Wagnis? Oder einfach Übermut? In ein Wagnis geht man mit offenen Augen. Im Übermut könnte man eins verlieren …

Die Flugschule

Wissen

Wagnisse erfordern Mut. Und jemanden, der einem Mut macht!

Waldkäuze sind Vögel, die ihre Bruthöhlen weit oben in Bäumen bauen. Dort werden die Eier ausgebrütet und die geschlüpften Käuzchen gefüttert und umsorgt. Bis zu dem Tag, an dem es Zeit ist, die sichere Höhle zu verlassen. Hier beginnt das Abenteuer! Die flauschigen Jungkäuze können nämlich noch gar nicht fliegen. Trotzdem locken die Eltern ihre Kinder aus der Höhle. Die kleinen Käuze trauen sich zögernd heraus und sehen zum ersten Mal die Welt. Und was geschieht? Breiten sie ihre Flügel aus und gleiten durch die Lüfte? Nö! Denn sie können ja noch gar nicht fliegen.

Doch die Eltern locken sie weiter und tatsächlich wagen die Kleinen den Sprung in die Tiefe! Etwas benommen und verdattert und ganz und gar nicht elegant kommen sie auf dem Boden auf. Sie versuchen sofort, wieder irgendwie auf einen Baum zu kommen. Ihre spitzen Krallen helfen ihnen dabei. Auf einem niedrigen Ast angekommen, werden sie weiterhin von ihren Eltern versorgt und bekommen ihre ersten Flugstunden. Und schon bald sind die kleinen genauso flink und wendig wie ihre Eltern!

Allerdings: Hätten ihre Eltern sie nicht aus der Höhle gelockt, hätten sie nie fliegen lernen können und wären ständig auf die Hilfe ihrer Eltern angewiesen gewesen.

Der Sprung in die Tiefe war riskant. Aber die Eltern wussten, dass dieser Sprung zum Erwachsenwerden nötig war.

Wissen

Manchmal brauchen wir den Mut zu springen. Und meistens gehört genauso viel Mut dazu, jemanden zu diesem wichtigen Sprung zu ermutigen. Glaubt bloß nicht, dass das für Eltern einfach ist! Fragt mal nach, wie das für sie war: euer erster Tag im Kindergarten, in der Schule, die erste Übernachtung bei Freunden, das erste Mal den Schulweg allein gehen.

Abenteuerreise im Kopf

Unfug

Macht es euch gemütlich: auf dem Sofa, der Picknickdecke, im Auto, wenn ihr im Stau steht, oder auf einem Spaziergang. Alle Anwesenden gehen auf eine laaange Reise. Der Größte fängt an! (Bei den meisten Spielen darf immer der Jüngste oder Kleinste anfangen … ist doch gemein, wenn's nicht auch mal andersrum geht.)

Also der Größte beginnt mit dem ersten Reiseabschnitt und erzählt, wie die Reise startet. Es darf völlig durchgeknallt und verrückt sein! Zum Beispiel: „Wir klettern alle auf einen dicken Pinguin und fliegen in Richtung Kasachstan." Jeder spinnt die Reise ein Stückchen weiter. Es lauern Gefahren! Reißende Stromschnellen, eisige Gletscherspalten und gewaltige Wüstenstürme! Nur zu!

Abenteuer und Wagnisse beginnen im Kopf und machen eine Menge Spaß! Und vielleicht inspirieren sie euch ja für die nächsten Ferien …

Kleine Mutprobe gefällig?

Action!

Wartet, bis es dunkel ist, und dann macht ihr eine Nachtwanderung. Am tollsten wäre ein Weg im Wald oder auf dem Feld. Irgendwo, wo es wirklich dunkel ist und keine Laternen und Scheinwerfer stören. An einer schönen, dunklen Stelle stellt ihr ein Lichtchen ab. Das kann eine Taschenlampe sein oder eine Kerze. Dann geht ihr zusammen eine kleine Strecke weiter. Vielleicht 10 Meter, vielleicht 20. Wer traut sich jetzt alleine den Weg zurück zum Licht? (Beim Licht darf natürlich auch ein Erwachsener warten.) Kleinere Kinder dürfen den Weg auch deutlich kürzer machen, oder Hand-in-Hand mit einem Geschwisterkind schaffen.

Gemeinsam erlebte Wagnisse machen unglaublich stark! Vielleicht fallen euch noch viele andere Familienwagnisse ein?

- *Kanufahrt*
- *Kletterpark*
- *Hüttenwanderung*
- …

Wasserläufer

Gottes Wort

Jesus hat seine Jünger schon einmal vorausgeschickt, damit er noch ein wenig Zeit zum Verabschieden hatte. Die Jünger lassen also Jesus zurück und fahren mit dem Boot schon mal vor. Ob sie sich gefragt haben, wie Jesus denn nun nachkommt? Ob sie schon was ausgemacht hatten mit einem anderen Fischer, der Jesus später über den See fahren sollte? So eine Art Taxi für Jesus? Tja, das steht hier nicht. Aber irgendwie sind sie wohl davon ausgegangen, dass Jesus nach einer Weile nachkommt und sich wieder zu ihnen gesellt. Und genau das hat er ja dann auch getan.

Als die Jünger mit ihrem Boot ziemlich weit draußen auf dem See sind und es bereits Nacht ist, kommt Wind auf. Die Wellen wurden ziemlich hoch und sie hatten ordentlich zu tun auf ihrem Boot. Zum Glück waren einige von ihnen erfahrene Fischer und kannten sich mit Wind und Wellen ganz gut aus. Kurz vor dem Morgen dann sehen sie eine Gestalt auf dem Wasser – und der Schreck fährt ihnen in Mark und Bein! Sie halten das, was da auf sie zukommt, für ein Gespenst und schreien vor Angst! (Das müsst ihr euch mal vorstellen! Es handelt sich hier immerhin um zwölf erwachsene Männer!) Als Jesus das Geschrei hört, beruhigt er sie gleich. Und vermutlich wird aus dem Schreien jetzt ein Staunen. „Ui, guck mal!“ „Boah, das ist ja 'n Ding!“ Und dann kommt Petrus auf die Idee: „Jesus, wenn das wirklich du bist, dann befiehl mir, auf dem Wasser zu gehen!“

Tja, und Jesus sagt dann tatsächlich: „Komm!"

Petrus fackelt nicht lange und steigt aus dem Boot. Und er läuft doch tatsächlich auf dem Wasser. Jesus entgegen. Das Wasser trägt ihn und er kommt ganz gut vorwärts. Was müssen die anderen Jünger im Boot für Augen gemacht haben! Aber jetzt kommt's: Petrus bemerkt plötzlich die hohen Wellen um ihn herum. Vor lauter Aufregung hatte er die wohl erst gar nicht bemerkt. Und erst da fällt ihm auf, dass das, was er da gerade veranstaltet, doch eigentlich gar nicht geht! Und er beginnt zu sinken!

„Hilfe!", kann er noch rufen und Jesus ist sofort bei ihm und zieht ihn wieder hoch. Sie stehen immer noch auf dem Wasser, die Wellen schlagen hoch, der Wind pfeift und ihre Klamotten sind vermutlich ganz schön nass und kalt. Jesus sagt: „Du hast zu wenig Vertrauen! Warum hast du gezweifelt?“ Und dann gehen(!) sie zurück zum Boot und ZACK, hört der Wind auf und der See ist still.

Da fragt man sich doch, warum Jesus nicht schon früher dafür gesorgt hat, dass der See schön ruhig ist! Vielleicht wäre dem armen Petrus dann nicht so Angst und Bange geworden! War er nicht ohnehin schon mutig genug? Einfach so aus dem Boot zu steigen?

Vielleicht war er aber auch einfach nur völlig begeistert von dem, was Jesus da tat! Und das wollte er auch! Tja, und erst beim zweiten Nachdenken fiel ihm ein, dass Jesus das kann, weil er Gottes Sohn ist. Warum sollte Petrus das können?

Nach Matthäus 14,22-33

Wenn Jesus „Komm!“ sagt, dann dürfen wir uns darauf verlassen, dass er dafür sorgt, dass wir den Weg auch schaffen. Mit Wind und Wellen! Auch wenn der eigene Verstand eigentlich sagt: „Das geht doch gar nicht!“ Und das Tolle daran: Wenn wir doch einmal sinken, ist Jesus sofort da und zieht uns wieder hoch! Kann sein, wir werden etwas nass und klamm. Klar. Aber ist unser Leben mit Jesus dafür nicht ein unglaubliches Abenteuer?!

Ehrlichkeit

Bärbel Löffel-Schröder

Ehrlichkeit ist das erste Kapitel
im Buch der Weisheit.
Thomas Jefferson

Der Samen

Los geht's!

Ein Mann, der sich eine richtig gute Firma aufgebaut hatte, war zu alt geworden, um sie weiterzuführen. Deshalb suchte er jemanden, der seine Firma übernehmen könnte. Also rief er seine engsten Mitarbeiter zusammen, die alle sehr gut arbeiteten – Männer und Frauen. Jedem gab er einen Blumensamen und sagte: „Bitte pflanzen Sie Ihren Samen in einen Topf. Nach drei Wochen kommen Sie bitte zurück und dann entscheide ich, wer meine Firma übernehmen kann. Denn ich glaube, nur ein guter Gärtner ist auch ein guter Chef."

Einer der Männer pflanzte den Samen vorsichtig in gute Erde. Er dünkte und goss, gab dem Topf viel Sonne und Wärme – aber egal, was er auch tat, nichts wuchs, rein gar nichts. Es war ihm irgendwie richtig peinlich, als er nach drei Wochen seinen Topf mit ins Büro brachte. Alle Kollegen und Kolleginnen zeigten ganz tolle Pflanzen. Manche blühten sogar schon! Der Mann wollte gleich wieder nach Hause gehen. Denn sein Topf war der einzige, der leer war. Anscheinend war nur bei ihm aus dem Blumensamen nichts gewachsen. Bestimmt würde einer der anderen der Nachfolger des Chefs werden. Doch in dem Moment kam der Chef auf ihn zu und sagte: „Sie, ja genau Sie sollen meine Firma weiterführen. Denn nur Sie waren ehrlich – die Samen, die ich allen gegeben habe, waren tot und konnten nichts hervorbringen. Aber Sie waren ehrlich, haben nicht aufgegeben und sind trotzdem zurückgekommen."

Da merkte der Mann, dass alle seine Kollegen einfach andere Blumensamen eingepflanzt hatten und so getan hatten, als sei aus dem Samen, den sie von ihrem Chef bekommen hatten, so was Tolles gewachsen. Der Chef aber wollte sie testen: Würden sie etwas Falsches vortäuschen oder würden sie ehrlich sein?

Was meint ihr: Warum war dem Chef Ehrlichkeit so wichtig?
Manchmal denkt man zuerst, dass Lügen helfen.
Aber stimmt das wirklich? Was habt ihr erlebt?
Wieso möchte Gott wohl, dass wir ehrlich sind?

Der geklaute Segen

Spannendes aus der Bibel

„Ich werde alt und blind", sagte Isaak zu seinem Sohn Esau. „Koch mir doch bitte mein Lieblingsessen! Danach werde ich dir Gottes besonderen Segen für unsere Familie geben. Denn du bist der Erstgeborene."

Rebekka, die Mutter, hörte jedes Wort. Während Esau auf die Jagd ging, schmiedete Rebekka Pläne. „Beeil dich, Jakob!", sagte sie. „Esau ist fort! Ich werde deinem Vater etwas kochen. Und du tust so, als wärst du er. Dann gibt er dir den wertvollen Segen."

„Aber Mutter", wandte Jakob ein, „Vater wird das merken! Esau hat viele Haare am Arm. Ich nicht!"

„Tu einfach, was ich dir sage, mein Sohn“, meinte die Mutter. Also zog Jakob Esaus Kleider an. Er bedeckte seine Arme mit Ziegenfell und brachte seinem Vater das Essen. Es war ein schlauer Trick. „Ich bin wieder zurück“, sagte Jakob und tat, als wäre er Esau.

„Das ging aber schnell“, sagte Isaak.

„Gott hat mir geholfen“, log Jakob.

„Komm näher“, antwortete Isaak.

„Du klingst wie Jakob, aber du fühlst dich an wie Esau.“

So gab Isaak Jakob Gottes Segen. Als Esau heimkam, hatte Isaak nichts mehr zu geben. Jakob hatte seinen Vater belogen und seinen Bruder betrogen. Auch bei seiner Mutter konnte er nicht bleiben. Denn sein Bruder wollte ihn töten. „Wenn Vater stirbt“, tobte Esau, „bringe ich meinen Bruder um! Der wird es mir bezahlen, dass er Vater so belogen und mich betrogen hat.“

Nach 1. Mose 27

Eine Lüge – und die ganze Familie war zerstritten. Was meint ihr: Warum kann Lügen so viel kaputt machen? Hat euch schon mal jemand belogen? Konntet ihr ihm danach wieder vertrauen?
Warum fühlt man sich schlecht, wenn man lügt?

Ich sage ehrlich, was ich denke!

Vorsicht, Falle!

Manche Leute sagen: „Ich will allen Menschen ehrlich sagen, was ich über sie denke." Und dann sagen sie den anderen ihre Meinung, auch wenn die gar nicht danach gefragt haben und verletzen sie durch ihre Worte. Das ist nicht immer gut. Oft ist es besser zu schweigen.

Wenn wir aber meinen: „Ich will niemanden verletzen, deshalb lüge ich lieber", ist das auch nicht richtig. Denn Gott möchte nicht, dass wir lügen. Wahrheit ohne Liebe ist nicht gut. Aber Liebe ohne Wahrheit ist auch nicht gut.

Der Lügendetektor

Wissen

Ein Lügendetektor ist ein Gerät, mit dem man herausfinden kann, ob jemand ehrlich ist. In manchen Ländern wird es eingesetzt, wenn jemand vor Gericht steht. Vor allem, wenn der Verdacht besteht, dass die Person ein Verbrechen begangen hat. Während jemand der Person Fragen stellt, misst der Lügendetektor, was im Körper der Person los ist. Wenn jemand lügt, dann wird nämlich sein Körper gestresst. Die Haut fängt an zu schwitzen, der Herzschlag verändert sich und man atmet anders. Das kann der Apparat aufzeichnen. Daran sieht man, ob der Körper der Person gestresst ist.

Natürlich kann man mit einem Lügendetektor nicht wirklich beweisen, ob jemand lügt. Der Stress könnte ja auch von etwas anderem herkommen. Vielleicht ist die Person einfach aufgeregt. Deshalb hat der Bundesgerichtshof in Deutschland gesagt: Lügendetektoren sind als Beweismittel bei Gericht nicht erlaubt.

Meinst du das ehrlich?

Unsere Körpersprache kann manchmal verraten, ob das, was wir sagen, wirklich ehrlich gemeint ist. Wenn wir nämlich etwas sagen und unser Körper ein anderes Signal gibt, dann merken andere, dass wir etwas anderes sagen als wir fühlen.

Wenn wir zum Beispiel sagen: „Ich hab nichts gegen dich“ und gleichzeitig die Hände zu Fäusten ballen, merken andere, dass das, was wir sagen, nicht wahr ist.

Doch Vorsicht: In anderen Ländern gibt es auch andere Körpersignale. In Tibet – das gehört zu Asien – bedeutet zum Beispiel eine rausgestreckte Zunge eine herzliche Begrüßung. Dort würde es also auch ehrlich sein, wenn jemand sagt: „Ich freu mich so, dass ich dich sehe“, und ihm gleich darauf die Zunge rausstreckt.

Eine offene, ehrliche Antwort ist ein Zeichen von wahrer Freundschaft.

Sprüche 24,26

Passt das zusammen?

Unfug

Versucht mal, etwas Nettes zu sagen, aber dabei richtig böse zu klingen. Oder sagt etwas Freches, aber lächelt dabei. Gar nicht so einfach, oder?

Mogeln

Spielt mal euer Lieblingsspiel mit neuen Spielregeln: Jeder darf mogeln, so viel er will. Keiner muss ehrlich sein. Wenn jemand eine Eins gewürfelt hat, darf er sagen: „Das war eine Sechs!“ Wenn einer eine Karte ziehen muss, kann er behaupten: „Ich hab doch schon gezogen“, auch wenn es nicht stimmt. Und danach redet darüber, ob euch das Spiel gefallen hat. Hat es Streit gegeben oder war es lustig?

Wer einmal lügt ...

Action!

Ein Sprichwort sagt: „Wer einmal lügt, dem glaubt man nicht und wenn er auch die Wahrheit spricht." Wenn jemand dich belogen hat, fällt es dir schwer, dem anderen wieder zu vertrauen. Du denkst: „Und was ist, wenn er wieder nicht die Wahrheit sagt?"

Wie kann das Vertrauen wieder hergestellt werden? Am besten redet ihr ehrlich über die Sache. Das hilft euch, wieder neu Vertrauen zueinander zu bekommen. Vielleicht hat dein Freund auch schlecht hinter deinem Rücken geredet und jemand hat dir das erzählt. Bei dir aber tut er so, als ob er voll zu dir hält. Was kannst du da tun? Frag ihn einfach: „Du, ich hab gehört, du hast schlecht über mich geredet. Warum hast du mir das nicht selbst gesagt? Kann ich mich auf dich verlassen oder nicht?"

Oder vielleicht hast auch du eine Lüge erzählt. Möchtest du mutig sein, die Wahrheit erzählen und die Dinge klären? Oft kann uns Ehrlichkeit erst einmal was kosten – vielleicht müssen wir etwas wiedergutmachen oder bezahlen. Aber danach fühlen wir uns besser. Ganz wichtig: Wenn jemand den Mut hat und sich entschuldigt, sollte ihm keiner Vorwürfe machen. Sagt erst mal nur: „Danke, dass du mir das gesagt hast."

Offen und ehrlich?

Gottes Wort

Wirkliche Freunde können ehrlich sagen, was sie denken. Ein Beispiel: Leni ist Angelinas beste Freundin. Sie spielt in einem Theaterstück mit und freut sich total darüber. Doch Angelina findet, dass Leni überhaupt nicht gut spielt und manchmal richtig albern aussieht.

Leni fragt: „Und, Angelina, wie war ich?"

Angelina überlegt. Eine ehrliche Antwort wäre: „Du hast richtig schlecht gespielt." Aber diese Antwort würde Leni verletzen. Wie könnte eine ehrliche Antwort aussehen, die Leni nicht verletzt? Ihr fällt etwas ein: „Leni, deine Augen haben so richtig gestrahlt, als du vorgespielt hast. Deine Freude am Theaterspielen war voll ansteckend."

Bestimmt gibt es Beispiele in eurem Leben, wo ihr eine ehrliche Antwort sucht, die nicht verletzt. Sprecht gemeinsam darüber, wie eine solche Antwort aussehen könnte. Manchmal muss man aber auch dem Freund ehrlich und offen etwas sagen, was ihm nicht gefällt oder ihm sogar wehtut. Das gehört zur Freundschaft dazu.

Freundlichkeit

Ines Maynard

Es ist nett, wichtig zu sein,
aber wichtiger, nett zu sein.
Roger Federer

Mein Freund Tim

Los geht's!

Tim war neu an unserer Schule. Nach der ersten Woche sah ich, wie er allein nach Hause ging. Auf einmal kamen einige Jungs auf ihn zu, rammten ihn in die Seite und schubsten ihn so lange hin und her, bis er in den Matsch fiel. Seine Brille flog in hohem Bogen ins Gras. Als Tim aufsah, entdeckte ich eine schreckliche Traurigkeit in seinen Augen. Schnell lief ich zu ihm hinüber. Als er am Boden herumkroch, um seine Brille zu suchen, konnte ich Tränen in seinen Augen sehen. Ich hob seine Brille auf und reichte sie ihm. „Diese Typen sind totale Idioten!", sagte ich. „Die sollte sich mal jemand vorknöpfen!"

Ein Lächeln huschte über sein Gesicht. „Dankeschön", sagte er leise.

Als ich ihn fragte, wo er wohnte, stellte sich heraus, dass wir quasi Nachbarn waren. „Warum habe ich dich dann noch nie gesehen?", fragte ich.

„Wir sind gerade erst hierhergezogen", antwortete er.

Auf dem Weg nach Hause unterhielten wir uns und ich fand, Tim war richtig cool drauf. Deshalb fragte ich ihn, ob er nicht Lust hätte, am nächsten Tag mit mir und meinen Freunden Fußball zu spielen. Er sagte zu. So verbrachten wir das ganze Wochenende zusammen, und ich muss sagen: Je besser ich Tim kennenlernte, desto mehr mochte ich ihn. Meinen Freunden ging es genauso.

Während der nächsten Jahre wurden Tim und ich die besten Freunde. Vor unserem Abitur machten wir uns Gedanken, was wir studieren wollten. Tim wollte Arzt werden, und ich wollte Sport studieren. Aber selbst wenn uns viele Kilometer trennen sollten, wusste ich doch, dass wir beide immer Freunde bleiben würden.

Bei unserer Abiturfeier sollte Tim die Abschlussrede halten. Schon Wochen vorher zog ich ihn auf, was für ein Streber er doch sei. Dann kam der Tag unserer Abi-Feier. Tim sah toll aus. Er war einer der Jungs, die sich erst in der Oberstufe gemacht hatten. Er war gewachsen, und auch seine Brille stand ihm jetzt viel besser. Inzwischen schwärmten die Mädchen von ihm. Ja, manchmal war ich richtig eifersüchtig! Vor der Abi-Feier sah ich, dass Tim wegen seiner Rede sehr aufgeregt war. Also schlug ich ihm auf den Rücken und sagte: „Hey, Junge, du wirst das toll machen!" Mit einem seiner dankbaren Blicke sah er mich an und lächelte. „Dankeschön", sagte er.

Bevor er seine Rede hielt, räusperte er sich. „Der Schulabschluss ist eine Zeit, um denen zu danken, die uns durch diese herausfordernden Jahre begleitet haben", begann er. „Unseren Eltern, unseren Lehrern, unseren Verwandten, vielleicht auch unseren Trainern. Vor allem aber unseren Freunden. Denn ein Freund ist eins der größten Geschenke. Lasst mich euch dazu eine kleine Geschichte erzählen …"

Los geht's!

Ungläubig sah ich meinen Freund an, während ich hörte, wie er sich an den Tag erinnerte, an dem wir uns kennengelernt hatten. Er hatte vorgehabt, sich an jenem Wochenende das Leben zu nehmen. Tim berichtete, wie er deprimiert nach Hause gegangen war. Und dann hatten ihn noch ein paar Jungs in den Matsch geschubst! Während er diese Worte sprach, sah er mich lange an und schenkte mir ein kleines Lächeln. „Ich bin dankbar, dass ich gerettet wurde", fuhr er fort. „Mein Freund hat mich davor bewahrt, das Unaussprechliche zu tun."

Ich hörte, wie ein Raunen durch die Menge ging, als dieser gut aussehende, beliebte junge Mann von seinem schwächsten Moment erzählte. Und ich bemerkte, wie Tims Eltern zu mir herübersahen und mir ein dankbares Lächeln schenkten. Erst in diesem Moment wurde mir die tiefe Bedeutung dieses Lächelns bewusst.

Niemals sollten wir die Kraft der Freundlichkeit unterschätzen. Mit einer kleinen Geste können wir das Leben eines anderen verändern – zum Schlechten oder zum Guten. Habt ihr schon mal erlebt, was durch ein nettes Wort oder eine liebe Tat passieren kann?

Der Nächste

Spannendes aus der Bibel

„Ich weiß, dass wir Gott und andere – unsere Nächsten – lieben sollen", sagte ein geistlicher Lehrer zu Jesus. „Doch wer sind diese Nächsten?" Da erzählte Jesus ihm eine Geschichte:

Ein Mann reiste auf einer einsamen Landstraße. Er musste einen Berg hochgehen. Plötzlich prügelten Räuber auf ihn ein und raubten ihn aus. Der Mann blutete und hatte so große Schmerzen, dass er nicht mehr aufstehen konnte. Halb tot ließen sie ihn am Straßenrand liegen.

Da kam ein Priester vorbei. Er sah den Mann, blieb aber nicht stehen.

Als Nächstes kam ein frommer Tempeldiener vorbei. Auch der blieb nicht stehen!

Dann kam ein Ausländer vorbei. Er ritt auf einem Esel. Als er den Mann sah, sprang er sofort ab. „Armer Tropf", seufzte er und verband die Wunden des Mannes. Dann setzte er ihn auf seinen Esel, brachte ihn in eine Pension und sorgte für ihn. Doch irgendwann musste er weiterziehen. Also bat er den Gastwirt, den Mann zu pflegen, und bezahlte ihn großzügig.

Nachdem Jesus die Geschichte erzählte hatte, fragte er den Lehrer: „Wer war der Nächste, wer war hier gut? Sei auch du ein Nächster, der Gutes tut."

Nach Lukas 10,25-37

Spannendes aus der Bibel

Was meint ihr: Warum sind die beiden frommen Leute einfach vorbeigegangen?
Merkt ihr, wie geschickt Jesus dem frommen Lehrer antwortet? Wie ändert er die Blickrichtung?
Habt ihr das schon mal erlebt – dass Leute einfach wegschauen? Habt ihr schon mal weggeschaut?

Darling oder Depp?

Vorsicht, Falle!

„Wer jedermanns Darling sein will, ist irgendwann jedermanns Depp", hat mal ein deutscher Politiker gesagt. In anderen Worten: Wer jedem gefallen und bei jedem beliebt sein will, wird oft ausgenutzt. Außerdem wird bald klar: Niemand kann es jedem recht machen.

Echte Freundlichkeit ist ein Geschenk, für das man nichts erwartet – nicht ein Mittel, um sich etwas zu verdienen, schon gar nicht Liebe. Natürlich bekommen wir oft etwas zurückgeschenkt, wenn wir freundlich sind. Manchmal fangen so die besten Freundschaften an. Manchmal passiert aber nichts, und das ist auch okay. Warum? Weil sich Gott riesig freut, wenn wir freundlich sind. Und bei ihm sind wir schon vollkommen geliebt.

Knigge und das »Hofgeschmeisse«

Wissen

Adolf Freiherr Knigge hat sich sehr viele Gedanken darüber gemacht, wie man mit Menschen freundlich umgeht. Durch sein Buch „Über den Umgang mit Menschen“, das 1788 herauskam, wurde er berühmt. Nun denkt ihr vielleicht: „Oh nein, das ist der Typ, der bestimmt hat, dass die Hände beim Essen immer auf dem Tisch liegen sollen, die Gabel links, das Messer rechts …“ Nein! Ganz und gar nicht. Das haben andere Leute später hinzugefügt. Der echte Knigge hat sogar über oberflächliche Regeln gelacht – und sie gebrochen! Zum Beispiel verlor er seine Anstellung am fürstlichen Hof, weil er als Scherz den Schuh der Hofdame Henriette von Baumbach mopste. Man sagte ihm, er hätte sie dadurch völlig blamiert. Geschadet hat es aber nicht: Wenig später heiratete ihn die Hofdame. Außerdem lästert Knigge in der „Geschichte Peter Clausens“ über die übertriebene Höflichkeit und Einschleimerei am Hof. Er nannte das Verhalten „erbärmlichste Hofschranzen“ und „Hofgeschmeisse“.

Trotzdem machte er sich viel Gedanken darüber, wie man mit Menschen wirklich freundlich umgeht. In seinem Buch schreibt er über den Umgang mit Kindern, Verwandten, Verliebten, mit Menschen, die wütend sind („Jähzornige“), mit Ärzten, Betrügern („Schurken“), mit Tieren, sich selbst und vielen mehr!

Freundlich oder schleimig?

Unfug

- Die U-Bahn ist voll besetzt. Ich stehe auf, um einer Frau, die hochschwanger ist, den Platz anzubieten.
- Ich will in Mathe eine Eins bekommen. Deshalb biete ich meiner Lehrerin an, ihre Tasche zu tragen.
- Oma schenkt mir zehn Euro. Ich drücke sie und sage „Danke".
- Ich bringe Mama ein paar Blumen mit und sage: „Mama, du bist die Beste! Bekomme ich bald mehr Taschengeld, bitte?"
- Ich lasse ein beliebtes Mädchen aus meiner Klasse meine Hausaufgaben abschreiben, weil ich ihre Freundin werden will.

Überlegt mal: Worin unterscheidet sich echte Freundlichkeit von übertriebener Höflichkeit und Schleimerei? Merkt ihr immer sofort die Unterschiede?

Übertrieben freundlich:

Okay, jeder versucht mal, sich bei einem anderen einzuschleimen. Gebt euer Bestes. Haut richtig auf den Pudding! Die anderen schauen bewusst zu. Danach redet ihr darüber, wie gut der andere sich eingeschleimt hat. Wichtig: Fragt auch die Person, die „eingeschleimt" wurde, wie sie sich gefühlt hat.

Überraschung!

Action!

Überrascht heute zwei Leute mit einer freundlichen Tat. Egal, ob Tür aufhalten, Blumen verschenken, ein ehrliches Kompliment oder ein „Dankeschön“ – seid kreativ. Ihr könnt bewusst auf eine Person zugehen oder euch auch spontan entscheiden, wen ihr mit eurer Freundlichkeit beglücken wollt.

Vielleicht fällt euch auch jemand ein, der Hilfe braucht oder sich über einen Besuch freuen würde?

Abends könnt ihr euch dann austauschen, was passiert ist, wie die Leute reagiert haben und wie ihr euch danach gefühlt habt.

Freundlichkeit und Güte sind Kennzeichen der wahren Weisheit.
Jakobus 3,13

Wahre Weisheit

Gottes Wort

„Wer ist wirklich weise?“, fragt der Apostel Jakobus. Nicht der, der viel weiß, sondern der, der sich weise verhält – freundlich. Doch Freundlichkeit fängt nicht erst beim Äußerlichen an, sondern im Herzen. Wer neidisch ist oder Streit sucht, kann nicht wirklich freundlich sein. „Wo Neid und Streitsucht herrschen“, schreibt Jakobus, „da gerät alles in Unordnung; da wird jeder Gemeinheit Tür und Tor geöffnet.“

Bist du auf jemanden neidisch? Oder streitest du dich öfter mit jemandem? Vielleicht möchtest du ja heute Jesus bitten, das zu klären. Das wäre richtig schlau.

Treue

Bärbel Löffel-Schröder

Die größten Schätze

Los geht's!

Die Frauen, die im Schloss Weinsberg lebten, wussten, wie viele Reichtümer in diesem Schloss waren: Gold, Silber und Edelsteine, so kostbar, wie es sich keiner vorstellen konnte.

Doch eines Tages kam dieser Reichtum in Gefahr. Eine feindliche Armee hatte das Schloss umzingelt und forderte: „Gebt uns all euer Gold und Silber und die Edelsteine. Außerdem sollen alle Männer im Schloss sterben. Den Frauen und Kindern wird nichts passieren."

Aber die Frauen sagten: „Wir verlassen dieses Schloss nicht, außer ihr erlaubt uns, dass wir das mitnehmen, was wir auf den Armen tragen können." Der Chef der Armee war kein ganz böser Mensch und meinte, dass es bei so vielen Reichtümern im Schloss nicht viel schaden könnte, wenn die Frauen etwas mitnehmen würden. Deshalb sagte er Ja zu ihrer Bitte.

Als sich die Tore des Schlosses öffneten, staunten die Feinde allerdings sehr: Jede Frau trug ihren Ehemann auf den Armen. Die Frauen von Weinsberg hatten gewusst, welche Reichtümer im Schloss wirklich wichtig waren. Nämlich ihre Männer und nicht irgendwelches Gold. Sie hielten zu ihren Männern in guten und in schlechten Tagen.

Sind Freunde und Familie wirklich wertvoller als Edelsteine? Warum?

Petrus und der Hahnenschrei

Spannendes aus der Bibel

Es war der Tag vor der Kreuzigung Jesu. Als Jesus mit seinen Freunden unterwegs war, sagte er zu ihnen: „In dieser Nacht werdet ihr alle nichts mehr mit mir zu tun haben wollen. Aber nach meiner Auferstehung von den Toten werden wir uns wiedersehen."

Da behauptete Petrus: „Nein, ich halte zu dir, selbst wenn dich alle anderen verlassen!"

Doch Jesus antwortete: „Ich sage dir: Heute Nacht, noch ehe der Hahn kräht, wirst du dreimal abstreiten, dass du mich kennst."

„Das würde ich niemals abstreiten!", rief Petrus. „Nicht einmal, wenn ich mit dir sterben müsste." Das Gleiche behaupteten auch die anderen Freunde von Jesus.

Bald wurde Jesus gefangen genommen. Die Soldaten schlugen, verspotteten und bespuckten ihn. Es war schrecklich. Da hielt Petrus doch nicht treu zu ihm. Als eine junge Frau auf ihn zukam, sagte sie: „Du gehörst doch auch zu Jesus!" Aber Petrus tat so, als sei das nicht wahr. Wahrscheinlich hatte er totale Angst, dass auch er gefangen genommen würde. „Ich weiß nicht, wovon du redest", sagte er laut. Danach bemerkte ihn eine andere Dienerin und sagte vor allen Leuten: „Der da gehört auch zu diesem Jesus!" Doch Petrus meinte: „Das stimmt nicht! Ich kenne Jesus gar nicht!" Jetzt hatte er wieder nicht treu zu Jesus gehalten. Und nun kamen schon wieder Leute auf ihn zu: „Natürlich gehörst du zu Jesus! Du

sprichst mit dem gleichen Dialekt wie Jesus." Da rief Petrus: „Ich kenne diesen Menschen nicht!"

Genau in diesem Moment krähte ein Hahn. Petrus war verzweifelt. Ihm fiel wieder ein, was Jesus gesagt hatte: „Bevor der Hahn kräht, wirst du dreimal abgestritten haben, mich zu kennen." Da ging Petrus hinaus. Er war furchtbar traurig und weinte richtig schlimm. Es tat ihm so leid, dass er nicht treu zu Jesus gehalten hatte.

Und Jesus? Würde er es Petrus übel nehmen, dass der so untreu gewesen war? Nach seiner Auferstehung von den Toten traf Jesus sich mit einigen seiner Freunde. Petrus war auch dabei. Nach dem Essen fragte Jesus Simon Petrus: „Simon, liebst du mich mehr als die anderen hier?" – „Ja, Herr", antwortete ihm Petrus, „du weißt, dass ich dich lieb habe."

„Dann kümmere dich gut um die, die an mich glauben", sagte Jesus. Und dann fragte er wieder: „Simon, Sohn des Johannes, liebst du mich?" – „Ja, Herr, du weißt doch, dass ich dich lieb habe", antwortete Petrus noch einmal.

Erneut sagte Jesus: „Dann kümmere dich gut um die, die an mich glauben!"

Als Jesus zum dritten Mal fragte: „Simon, hast du mich wirklich lieb?", war Petrus echt traurig. Warum fragte Jesus Petrus drei Mal, ob er ihn lieb hätte? Petrus wusste, dass Jesus alles weiß und das sagte er ihm auch: „Herr, du weißt alles. Du weißt doch auch, wie sehr ich dich liebe!" Jesus sagte zu Petrus: „Folge mir nach." Er wollte weiterhin, dass Petrus sein Freund war, obwohl Petrus sich nicht treu verhalten hatte.

Manchmal ist es gar nicht so leicht, treu zu Jesus zu stehen, besonders wenn andere über unseren Glauben lachen. Ist euch das schon mal passiert, dass euch jemand gehänselt hat, weil ihr Christ seid? Wie habt ihr geantwortet?

Spannendes aus der Bibel

Falsche Treue

Vorsicht, Falle!

Treue ist in einer Familie sehr wichtig. Aber wenn eine Familie treu zusammenhält, damit schlechte Geheimnisse nicht rauskommen, ist das falsch. Hier ein paar Beispiele:

- Der Vater trinkt immer wieder zu viel Alkohol. Wenn er deshalb nicht arbeiten kann, ruft die Mutter bei der Arbeitsstelle an und sagt: „Mein Mann ist krank." So will sie zu ihm halten. Aber das hilft dem Vater gar nicht. Im Gegenteil, er wird wahrscheinlich noch mehr Alkohol trinken.
- Ein Kind wird brutal von seiner Mutter geschlagen und der Lehrer fragt: „Woher kommt der blaue Fleck in deinem Gesicht?" Das Kind möchte treu zur Familie halten und sagt: „Ich habe mich gestoßen." Besser wäre es, dem Lehrer die Wahrheit zu sagen. Dann kann dem Kind nämlich geholfen werden.
- Treu zum anderen halten heißt auch, für schlechte Geheimnisse Hilfe zu suchen und mit Personen, die helfen können, darüber zu reden.

Wenn Glaube bestraft wird

Wissen

„Gestern wurden sie abgeholt“, berichtete ein nordkoreanisches Mädchen mit tränenerstickter Stimme über ihre Eltern. Sie hätten über Jesus geredet. Und in Nordkorea darf man das nicht. Ob das Mädchen seine Eltern wiedersehen wird, ist ungewiss.

Es gibt viele Christen in anderen Ländern, die sehr böse behandelt werden. Man möchte nicht, dass sie an Jesus glauben und es kann etwa sein, dass man einfach sagt: „Du hast geklaut, du musst ins Gefängnis“, obwohl das gar nicht wahr ist. Weil ihr Glaube an Jesus diesen Christen so wichtig ist, dass sie ihn nicht aufgeben wollen, erleiden sie viele Ungerechtigkeiten. Es kann sein, dass sie geschlagen werden, eingesperrt oder sogar getötet. Aber sie halten treu an Gott fest.

Leider passiert so etwas sehr häufig auf der Welt. Weltweit werden heute rund 100 Millionen Christen verfolgt, weil sie an Jesus glauben. Vielleicht möchtet ihr ja solchen Christen helfen? Ihr könnt für sie beten oder Organisationen unterstützen, die sich für solche Christen einsetzen.

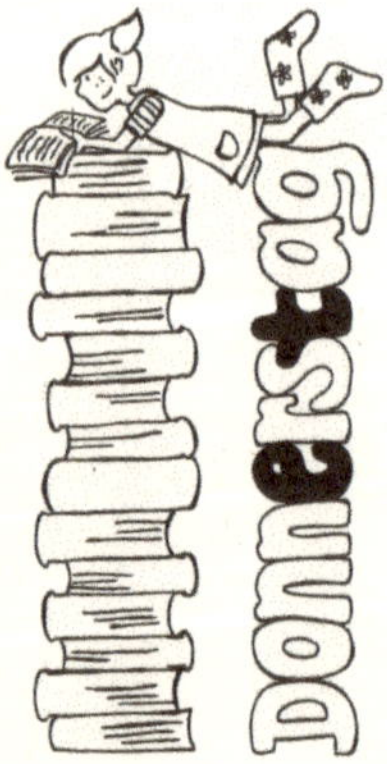

Dingsda

Unfug

Du erklärst das Wort „treu“, ohne das Wort dabei zu nennen. Deine Spielpartner müssen raten, welches Wort du meinst. Wer es zuerst errät, darf sich ein neues Wort überlegen. Ein paar Beispiele:

- „Wenn du zu einem anderen hältst, bist du Dingsda!“
- „Wenn ich einen Freund besuche, dem es nicht gut geht, bin ich Dingsda!“
- Manchmal ist auch nicht nur eine Antwort richtig.

Du kannst es natürlich auch etwas schwieriger machen. Zum Beispiel: „Dingsda zu sein lohnt sich. Jeder mag es, wenn der andere Dingsda ist.“

Fällt dir noch mehr ein? Das „Dingsda“-Spiel kannst du natürlich auch mit anderen Themen aus diesem Buch spielen.

Treu sein

Action!

Was bedeutet es ganz praktisch, treu zu sein? Schreibt mal drei Dinge auf, wie ihr diese Woche treu sein könnt. Hier ein paar Beispiele:

- „Wenn andere über Andrea lästern, mache ich nicht mit, sondern stehe treu zu meiner Freundin."
- „Mein Freund hatte einen schlimmen Unfall. Ich werde ihn im Krankenhaus besuchen." Wenn Menschen sehr krank werden oder etwas Schweres erleben, wollen manche Freunde nichts mehr mit ihnen zu tun haben. Oft, weil sie nicht wissen, wie sie mit dem traurigen Freund umgehen sollen. Manchmal auch, weil sie nicht gern mit Menschen zusammen sind, die traurig sind.

Überlegt jeder einmal: Hast du einen guten Freund oder eine gute Freundin, die gerade eine schwere Zeit durchmachen? Dann brauchen sie gerade jetzt einen treuen Freund. Wenn du in schwerer Zeit zu ihnen hältst und ihnen deine Treue zeigst, dann wird eure Freundschaft dadurch besonders tief.

Du kannst sie anrufen, besuchen, ihnen eine Freude machen oder einfach für sie da sein.

Gottes Wort

Sind wir untreu, bleibt Gott dennoch treu, denn er kann sich selbst nicht untreu werden.

2. Timotheus 2,13

„Du treulose Tomate“ sagen wir manchmal, wenn wir uns auf jemanden nicht verlassen können. Wie ist das denn bei uns? Können sich andere auf uns verlassen? Oder sagen wir einfach „Ja, ja“, aber halten uns dann nicht daran? Es kann aber auch sein, dass Menschen, von denen wir dachten, dass sie gute Freunde sind, nicht treu zu uns gehalten haben.

Auf Jesus können wir uns immer verlassen. Er ist treu. Da gibt es keine Ausnahmen.

Möchtest du Jesus eine Antwort auf seine Treue geben? Vielleicht möchtest du ihm das schreiben oder sagen: „Jesus, ich will treu zu dir halten, bitte hilf mir dabei.“ Du kannst das auch auf eine kleine Karte schreiben und sie als Erinnerungshilfe in den Schulrucksack oder auf deinen Schreibtisch legen.

Aber das Gute ist: Selbst wenn wir Fehler machen, verlässt Jesus uns nicht. Er bleibt immer treu. Jeden Tag.

Beten

Bärbel Löffel-Schröder

Albana und der Chefarzt

Los geht's!

Ich heiße Albana und komme aus einer Familie, die nicht glaubt, dass Jesus der Sohn Gottes ist. Sie wollten auf keinem Fall, dass irgendjemand Christ wird. Doch als ich etwa vier Jahre alt war, bin ich in eine christliche Kindergruppe gegangen. Jahrelang habe ich trotzdem nicht richtig an Jesus geglaubt. Mir haben nur die Spiele gefallen. Deshalb ging ich gern hin.

Das sollte sich aber gewaltig ändern! Mit elf Jahren bekam ich einen Schlaganfall und konnte mich nicht mehr bewegen. Ich musste auf die Intensivstation des Krankenhauses und lag steif im Bett. Nur mein Kopf war nicht gelähmt. Die Ärztin meinte, dass ich zu 99 Prozent gelähmt bleiben würde. Wir waren so traurig.

Meine Eltern suchten bei allen möglichen Leuten Hilfe. Die gaben uns Ratschläge, was helfen könnte. Aber das hat alles nichts gebracht. Dann kamen zwei Mitarbeiter meiner Kindergruppe zu Besuch ins Krankenhaus. Sie beteten für mich zu Jesus. Und tatsächlich, nach ein oder zwei Tagen konnte ich meine Knie bewegen und dann wurde es Stück für Stück besser.

Der Chefarzt konnte es kaum glauben. Er sagte: „Na, da hast du aber Glück gehabt!" Aber ich denke nicht, dass es Glück war! Nein, Jesus hat das Gebet der Christen gehört und mich gesund gemacht.

Es dauerte noch eine ganz schön lange Zeit, bis ich mich wieder mit meinem ganzen Körper

bewegen konnte, und ich war noch neun Monate in der Kinderklinik und zwei Jahre in der Rehaklinik. Aber am Ende konnte ich mich wieder ganz normal bewegen. Heute bin ich sogar richtig fit und spielte sogar eine Zeit lang in einer Mädchenfußball-Mannschaft.

So habe ich Jesus erlebt und angefangen, an ihn zu glauben und selbst zu beten.

Das ist eine wahre Geschichte, die in Deutschland passiert ist. Nur der Name des Mädchens wurde geändert. Was glaubt ihr: War das Glück oder kann Gebet wirklich etwas ändern? Was habt ihr schon mit Gebet erlebt?

In der Löwengrube

Spannendes aus der Bibel

Daniel war der wichtigste Helfer des Königs Darius. Das fanden die anderen Königshelfer nicht so gut. Sie waren neidisch und überlegten, wie sie Daniel eine Falle stellen könnten. Wegen seiner Arbeit konnten sie nichts sagen, die machte er super gut.

Aber vielleicht konnten sie Daniel etwas anhängen, weil er Gott verehrte. Plötzlich hatten sie eine Idee. Sie gingen zum König und schlugen vor: „Wäre es nicht gut, wenn die Menschen mal dreißig Tage lang ihr Gebet oder eine Bitte nur an dich richten dürfen, König? Und wenn sie das nicht tun und zu irgendeinem Gott beten, sollen sie zur Strafe in die Löwengrube geworfen werden."

König Darius fühlte sich geschmeichelt. Er ließ den Befehl aufschreiben und setzte seine Unterschrift darunter. Das bedeutete damals, dass etwas nicht geändert werden durfte.

Trotzdem betete Daniel weiter. Er hatte in der oberen Etage seines Hauses Fenster, aus denen er in Richtung Jerusalem gucken konnte. Dreimal am Tag kniete er dort nieder, um zu beten. So wichtig war es ihm, Gott zu loben und ihm seine Bitten zu sagen. Auch als er von dem königlichen Befehl erfuhr, ließ er sich nicht einschüchtern. Zu Gott zu beten war ihm wichtiger als der Befehl des Königs. Daraufhin gingen seine Feinde zum König und erinnerten Darius an seinen Befehl.

„Ja, der Befehl gilt", erwiderte König Darius, „und nach dem Gesetz darf er nicht zurückgenommen

werden. Da berichteten sie dem König: „Stell dir vor, Daniel hält sich nicht an dein Verbot, er betet einfach weiter zu seinem Gott." Als der König das hörte, wurde er richtig traurig. Er wollte auf gar keinen Fall, dass Daniel in die Löwengrube geworfen würde. Den ganzen Tag überlegte er: Wie kann ich Daniel vor meinem eigenen Befehl retten? Aber ihm fiel kein Ausweg ein. Er hatte nun einmal den Befehl gegeben, also musste er sich auch daran halten. Und das bedeutete, dass Daniel in die Löwengrube geworfen werden musste. Bevor das passierte, sagte der König zu Daniel: „Möge dein Gott, den du so treu verehrst, dich retten!"

Die ganze Nacht konnte der König nicht schlafen. Wie ging es wohl Daniel? Ganz früh morgens lief er zur Löwengrube und rief mit angstvoller Stimme: „Daniel, hat dir dein Gott, den du so treu verehrst, helfen können?"

Daniel antwortete: „Mein König! Jaaa! Mein Gott schickte seinen Engel und hielt den Löwen das Maul zu. Sie konnten mir gar nichts tun. Denn ich hab nichts Falsches gegen dich getan, mein König, und auch nichts gegen Gott."

Der König war superglücklich. „Holt Daniel sofort aus der Löwengrube heraus!", befahl er. Und tatsächlich: Daniel hatte keine einzige Verletzung, die Löwen hatten ihm nichts angetan. Gott hatte sein Vertrauen belohnt.

Nach Daniel 6

Gottes Wege

Vorsicht, Falle!

Es heißt: „Gott hört jedes Gebet." Aber warum gibt Gott mir nicht immer, um was ich ihn bitte?

Wenn Gott nicht das macht, worum wir beten, dann müssen wir nicht denken, dass er uns vergessen hat oder uns nicht liebt. Wenn er das, worum wir bitten, nicht gibt, dann ist es ein Geheimnis, warum er es anders macht. Auch wenn wir dieses Geheimnis oft nicht sofort verstehen, will er doch immer Gutes für uns und liebt uns total.

Für wen bete ich?

Übrigens – manchmal betet man, damit nicht Gott, sondern Menschen es hören. So wie Fritzchen. Mama sitzt abends an seinem Bett und Fritzchen schreit: „Lieber Gott, bitte gib mir ein Fahrrad." Die Mutter sagt: „Fritzchen, du musst doch nicht schreien, Gott hört dich auch, wenn du leise betest."

Fritzchen antwortet: „Ja, Gott hört das schon. Aber die Oma nicht!" Fritzchen wollte also nicht mit Gott reden, sondern er betete so laut um ein Fahrrad, damit die Oma im Nebenzimmer es hörte und ihm vielleicht ein Fahrrad schenken würde. Das ist natürlich kein richtiges Gebet.

Gebete und dein Gehirn

Wissen

Es gibt Wissenschaftler, die das Gehirn eines Menschen erforschen. Man nennt sie Hirnforscher. In Dänemark haben solche Wissenschaftler mit Hilfe eines Untersuchungsgerätes herausgefunden, wie das Gehirn eines Menschen reagiert – also welche Teile aktiv sind –, wenn er betet. Man sieht, an welchen Stellen im Gehirn richtig viel los ist.

Wenn ein überzeugter Christ betet, dann ist das im Gehirn so, als ob er mit einem guten Freund redet. Die Wissenschaftler machten eine Gegenprobe und baten die Personen, dem Weihnachtsmann zu sagen, was sie sich wünschten. Und tatsächlich: Jetzt war es im Gehirn der Menschen genauso, als ob sie sich mit einem Computerspiel beschäftigen würden. Na klar, die Menschen wussten, dass weder der Weihnachtsmann noch das Computerspiel lebendig sind.

Aber wenn sie zu Gott beteten, dann arbeitete das Gehirn so, als ob sie mit einem lebendigen, guten Freund redeten. Und tatsächlich: Jesus ist der beste Freund, den wir uns wünschen können.

Hier stimmt was nicht!

Unfug

Überlegt mal:
Was stimmt mit diesen Gebeten nicht?

- Lieber Gott, bitte lass mich Linus heute auf dem Spielplatz treffen, damit ich ihn so richtig verhauen kann.
- Lieber Gott, lass es niemals regnen, damit ich immer draußen spielen kann.
- Mach doch, lieber Gott, dass meine Schwester jedes Spiel gegen mich verliert.
- Lieber Gott, lass Mama doch bitte einsehen, dass es sehr gut für mich ist, jeden Tag Pommes und Hamburger zu essen.
- Ich habe keine Lust zum Lernen. Lieber Gott, mach du doch, dass ich trotzdem immer nur gute Noten bekomme.
- Lieber Gott, mach, dass Paula wegzieht, weil ich sie nicht leiden kann.

Action!

Beten ist ja Reden mit Gott. Wie wäre es, wenn ihr euch mal ein bisschen Zeit nehmt und mit Jesus über alles sprecht, was in dieser Woche schön war und was nicht. Er hört euch besser zu als ein bester Freund oder eine beste Freundin. Er versteht euch und kennt euch. Wenn ihr wollt, könnt ihr ihn auch bitten, euch eine Antwort in euer Herz zu geben. Vielleicht möchtet ihr auch eine Gebetserinnerung basteln oder aufmalen? Hier sind einige Tipps:

- Wenn ihr zum Beispiel für eine Freundin beten wollt, könnt ihr ein Foto von ihr über den Schreibtisch hängen.
- Eine Schleife erinnert euch daran, dass ihr für Oma beten wollt, die am Sonntag Geburtstag hat.
- Eine schöne Perle kann die Erinnerung dafür sein, Gott zu danken, dass er euch so kostbar gemacht hat.
- Eine Postkarte erinnert euch daran, dass ihr für euren Freund beten wollt, der im Urlaub ist.

Fallen euch noch andere Gebetserinnerungen ein?

Bittet GOTT,
und ER wird euch geben!
Sucht,
und ihr werdet finden!
Klopft an,
und euch wird die Tür geöffnet!
Matthäus 7,7

Bitten, suchen, klopfen.

Gottes Wort

Bittet Gott, und er wird euch geben!
Sucht, und ihr werdet finden!
Klopft an, und euch wird die Tür geöffnet!
Matthäus 7,7

Das hat jesus gesagt. Natürlich können wir alleine mit Gott reden, ihn um alles bitten, suchen und an die Himmelstür klopfen. Aber es ist auch gut, wenn wir zusammen beten – als Familie oder mit Freunden. Wenn ihr möchtet, könnt ihr auch einen Gebetswürfel machen. Dazu braucht ihr einen etwas größeren Würfel. Jeder, der mitmacht, erzählt, wofür gebetet werden soll. Und dann schreibt man ein Stichwort auf einen kleinen Zettel oder Klebepunkt. Wenn zum Beispiel die Mutter beten möchte, dass es Oma bald besser geht, schreibt sie einfach das Wort „Oma" auf und klebt es auf eine Seite des Würfels. Ein kleineres Kind kann auch etwas aufmalen. Wenn zum Beispiel Mia gerne möchte, dass Gott ihr eine Freundin schenkt, kann sie ein Mädchen auf ein kleines Blatt malen und ihr klebt das Blatt auf die andere Seite des Würfels. Jeder darf sich ein Gebetsanliegen überlegen.

Und nun geht's los. Das Bild oder Wort, was gewürfelt wird, bedeutet: Dafür beten wir jetzt. Falls natürlich ein Bild öfters dran kommt und ein anderes nie, dann kann man auch so lange würfeln, bis jedes Gebetsanliegen genannt wurde.

Zuhören

Ines Maynard

Wer hört hier schlecht?

Los geht's!

Es war eine ganz normale Feier im Haus der Familie Müller: Alle redeten durcheinander – ganz nach dem Motto: „Wer am lautesten spricht, hat recht!“ Oma redete besonders laut. Na ja, sie hatte ja auch ein Leben lang Übung drin, wie man alle übertönt. Aber auch Onkel Alfred und Tante Jutta diskutierten kräftig mit. Dagegen war Baby Lisa leise, obwohl es immer wieder weinte, bevor es selig einschlief.

Nur einer am Tisch war leise: Onkel Ben. Ruhig und gelassen aß er. Denn Ben war von Geburt an gehörlos und bekam nichts von dem Lärm mit. Plötzlich stand er auf und reichte der kleinen Tanja das Salz. Die war ganz erstaunt. Woher wusste er, dass sie nach Salz gefragt hatte? Keiner hatte sie gehört, obwohl sie mehrmals gefragt hatte! Er zwinkerte ihr zu und lächelte.

Wenig später stand Ben wieder schnell auf und hob den kleinen Thomas auf. Er hatte sich wehgetan, doch keiner hörte, dass er weinte. Im Chaos war er völlig untergangen. Nur Onkel Ben merkte es. Er nahm ihn in den Arm, küsste ihn auf die Stirn und schaukelte ihn so lange hin und her, bis keine dicken Tränen mehr über seine Wangen kullerten.

Tanja schaute ihm erstaunt zu. Komisch! Manchmal hören Menschen mit kaputten Ohren besser als solche mit gesunden!

Was heißt es eigentlich, gut zuzuhören?

Der Zuhörer

Spannendes aus der Bibel

Es war vor langer, langer Zeit, da lebte ein Priester namens Eli. Seine Söhne achteten nicht auf Gott und es war schon lange her, dass Gott zu jemandem gesprochen hatte. Kaum einer rechnete noch damit.

Eines Nachts legte sich Samuel – ein Junge, den seine Mutter zum Dienst in den Tempel gebracht hatte – ins Heiligtum des Tempels. Bald schlief er ein. Doch plötzlich hörte er, wie jemand seinen Namen rief: „Samuel!“ Sofort antwortete Samuel: „Hier bin ich!“, und lief zu Eli. Der Priester jedoch sagte: „Ich habe dich nicht gerufen. Bestimmt hast du nur geträumt. Geh und leg dich wieder schlafen.“ Kaum hatte Samuel sich hingelegt, hörte er die Stimme zum zweiten Mal und lief zu Eli. Wieder schickte Eli ihn zurück.

Als Samuel die Stimme das dritte Mal hörte, wurde Eli nachdenklich. Vielleicht war es ja Gott, der zu dem Jungen sprach? „Mein Junge“, sagte Eli zu ihm. „Wenn du wieder gerufen wirst, dann sag einfach: Sprich, Herr, ich, dein Diener, höre.“

Noch in dieser Nacht hörte Samuel von Gott, der sich ihm zeigte.

Nach 1. Samuel 3

Wieso dachte Samuel erst, dass Eli ihn gerufen hat? Glaubt ihr, dass Gott noch immer zu uns spricht – auch zu Kindern? Wenn ja, auf welche Weise?

Reden ist Silber, Schweigen ist Gold?

Vorsicht, Falle!

Vielleicht kennt ihr das Sprichwort „Reden ist Silber. Schweigen ist Gold"? Es heißt so viel wie, dass es viel besser ist zu schweigen. Da ist etwas dran: Denn nur wer schweigt, kann auch wirklich zuhören. Und nur wer zuhört, versteht, was der andere meint, und kann dann gut antworten. Manchmal hilft Schweigen auch, um gut zu überlegen, was wir sagen.

Aber es stimmt nicht, dass Schweigen immer Gold ist. Oftmals ist es auch wichtig, etwas zu sagen, z. B. wenn etwas passiert, dass nicht richtig ist oder jemandem wehtut.

Fallen euch Beispiele ein, wann Reden Gold ist?

Belauscht

Manchmal hören Leute auch zu, wenn es sie gar nichts angeht. In der DDR gab es einen Spionage-Dienst, die Stasi. Sie hörten alle möglichen Räume von Leuten ab – sogar im Schlafzimmer oder im Klo! Sie lauschten bei Gesprächen, die sehr persönlich waren.

Was meint ihr, warum ist das nicht richtig? Was würdet ihr sagen, wenn euch jemand in der Schule zuhört oder filmt, während ihr mit einem Freund sprecht?

Die Fledermaus

Wissen

Wusstet ihr, dass Fledermäuse perfekt in der Nacht fliegen können? Dabei verlassen sie sich nicht auf ihre Augen. Nein, genau wie Menschen sehen sie nachts sehr schlecht. Trotzdem fliegen sie blitzschnell und finden die leckeren Insekten, die sie so gern essen. Wie machen sie das? Sie sehen mit ihren Ohren! Während sie fliegen, stoßen sie ganz hohe Töne aus – so hoch, dass Menschen sie nicht hören können. Dann achten sie auf das Echo der Töne, die zurückkommen. So finden sie heraus, wo eine Wand ist, wo Gefahr lauert und wo ihr Essen herumflattert! Und das im Stockdunkeln!

Zwischen den Zeilen

Wusstet ihr, dass Leute einen Satz ganz unterschiedlich verstehen können? Stellt euch vor, jemand sagt: „Ich brauche Ruhe!“

Manche hören dann einfach nur die Tatsache: „Okay, du willst dich ausruhen.“ Andere nehmen das persönlich und denken: „Oh, du magst mich nicht und willst lieber allein sein.“ Wieder andere hören, was der Satz praktisch bedeuten könnte, und nehmen ihn als Aufforderung: „Lass mich in Ruhe! Geh weg!“

Was meint ihr? Wer hat recht? Kann es riskant sein, zwischen den Zeilen zu lesen?

Durcheinander

Unfug

Alle sprechen gleichzeitig für eine Minute über das Thema Essen oder den letzten Urlaub. (Ja, holt ruhig die Stoppuhr raus!) Und zwar so schnell und so laut wie möglich. Danach soll jeder sagen, was sein rechter Nachbar gesagt hat.

Der Ton macht die Musik

Sicher habt ihr schon mal gehört, dass es nicht nur wichtig ist, was jemand sagt, sondern auch, wie man es sagt. Sucht euch einen Satz aus (z. B. „Ich habe Hunger“ oder „Das ist aber interessant!“). Jeder sagt ihn dann mal auf ganz andere Art: fröhlich, wütend, gelangweilt, vorwurfsvoll, traurig oder ängstlich. Die anderen müssen raten, wie ihr den Satz gemeint habt. Ist das einfach?

Was du nicht sagst!

Action!

Sprich mit jemandem für fünf Minuten. Aber lass nur die andere Person den Inhalt bestimmen. Nach ein bis drei Sätzen wiederhol genau das, was er gesagt oder sie gefragt hat – nur in anderen Worten. Dann soll die Person entweder sagen: „Ja, das stimmt" oder: „Nee, das war daneben!".

Das klingt einfach, aber du wirst merken, wie schwer es ist!

Die Welt mit neuen Ohren sehen

Geht einmal an einen lauten Ort wie zum Beispiel ein Einkaufszentrum und macht euch Ohropax in die Ohren, sodass ihr nichts mehr hört. Wie wirkt die Welt auf einmal? Könnt ihr trotzdem noch verstehen, was passiert?

Jeder Mensch sei schnell zum Hören, langsam zum Reden, langsam zum Zorn!

Jakobus 1,19

Gottes Wort

Erinnert euch doch mal an euren letzten Streit. Vielleich war der mit einer Freundin, mit einem Lehrer oder mit Mama oder Papa. Was habt ihr gesagt? Was habt ihr getan?

Viele Menschen, die sich streiten, richten sich nicht nach den drei Tipps, die Jakobus gibt: „Hör gut zu. Warte ab, bevor du sprichst. Und werd nicht gleich wütend!“ Dabei sind diese Tipps genial! Wer gut zuhört, versteht den andern meistens gleich viel besser – und kann dann weise antworten. Auf diese Art explodiert man auch nicht so schnell, wenn man wütend ist. Manches klärt sich schneller und man fühlt sich bald wieder besser.

Gehorsam

Bärbel Löffel-Schröder

Ein Indianer in New York

Los geht's!

Ein Indianer ging mit einem Freund, der in einer riesengroßen Stadt lebte, den Bürgersteig entlang. Plötzlich sagte der Indianer: „Ich höre eine Grille zirpen." – „Ach, du spinnst ja", erwiderte der Freund. „Du kannst doch bei dem Lärm hier nicht das Geräusch hören, was so ein kleines Insekt von sich gibt." „Nein, wirklich, ich höre eine Grille. Ganz sicher", erklärte der Indianer.

„Es ist Mittagszeit. Tausende von Menschen laufen hier herum, dazu der Lärm der Autos und alles – und du willst die Stimme eines so kleinen Tieres hören?"

„Ich bin ganz sicher." Der Indianer lauschte aufmerksam und ging dann bis zur nächsten Straßenecke, überquerte die Straße und sah sich um. An der gegenüberliegenden Ecke fand er einen Busch in einem großen Zementtopf. Er suchte ein bisschen in den Blättern herum und fand – eine Grille.

Sein Freund war sehr erstaunt. Doch der Indianer sagte: „Meine Ohren sind nicht besser als deine. Es kommt einfach darauf an, auf was man hört. Komm, ich zeige es dir." Er griff in die Hosentasche und holte eine Hand voll Kleingeld heraus. Das ließ er auf den Bürgersteig fallen. Jeder, aber auch jeder im Umkreis von fünfzig Metern drehte sich um.

„Siehst du, was ich meine?", fragte der Indianer und sammelte die Münzen wieder ein. „Es hängt alles davon ab, worauf man hört."

Los geht's!

Gehorsam hat viel mit Hören zu tun. Ganz sicher haben euch eure Eltern und Lehrer schon einmal einen Rat gegeben. Aber eure Freunde hatten einen anderen Rat. Worauf hört ihr? Und warum?

Guter Ungehorsam

Spannendes aus der Bibel

„Hört sofort auf, von Jesus zu reden!", sagten die Pharisäer – das waren vor 2000 Jahren große Lehrer, die Menschen von Gott erzählten. Aber die Freunde von Jesus wollten nicht aufhören, all das zu erzählen, was sie mit Jesus erlebt hatten: Gott hatte ihn von den Toten auferweckt und zum Retter der ganzen Welt gemacht. Wer an ihn glaubt, der findet Frieden mit Gott und wird ewig leben!

Aber sie redeten nicht nur. Viele Kranke kamen zu ihnen und alle wurden gesund.

Die Pharisäer waren neidisch ohne Ende. Schließlich waren sie die großen Lehrer. Aber nun geschahen Wunder durch diese einfachen Leute. Sicher würde bald niemand mehr auf sie hören.

Eines Tages warfen sie die Freunde von Jesus (die auch „Jünger" hießen, obwohl sie nicht alle besonders jung waren) ins Gefängnis. Doch Gott ließ die Jünger nicht im Stich. Er schickte einen Engel, der sie putzmunter und fröhlich aus dem Kerker

befreite. Als sie wieder draußen waren, sagte der Engel: „So, jetzt geht wieder in den Tempel und erzählt den Leuten weiter von Jesus."

Als die Pharisäer das hörten, schnaubten sie vor Wut. Was fiel denen ein! Wieder schleppten sie die Jesus-Freunde vor Gericht. „Wir hatten euch doch streng verboten, mit den Leuten über Jesus zu reden. Ihr habt euch nicht daran gehalten", tadelte der Vorsitzende sie streng.

Aber die Jesus-Freunde ließen sich nicht einschüchtern. Sie sagten: „Gott muss man mehr gehorchen als den Menschen." Die Pharisäer ließen sie auspeitschen und verboten ihnen wieder das Wort.

Doch das störte die Jesus-Freunde nicht. Haben sie den Mut verloren? Nein, im Gegenteil. Sie freuten sich sogar darüber, dass sie zeigen durften, wie ernst ihnen die Sache mit Jesus ist. So ernst, dass sie für ihn leiden würden. Weiterhin redeten sie jeden Tag im Tempel und bei Leuten zu Hause von Jesus und erklärten, dass er der Retter der Menschen ist. Sie gehorchten Gott mehr als den Menschen.

Nach Apostelgeschichte 5,12-32

Was meint ihr: Warum ist es besser, Gott mehr zu gehorchen als Menschen?

Blinder Gehorsam

Vorsicht, Falle!

Manche Menschen sind gut im Überreden oder schüchtern andere ein. Sie scheinen Bescheid zu wissen, und die Leute vertrauen ihnen „blind“. Die Leute sind nicht wirklich blind. Blinder Gehorsam meint: Sie denken gar nicht selbst drüber nach. Sie folgen einfach und machen mit, obwohl sie der Person nicht richtig trauen. Selbst wenn sie innen drin ein komisches Gefühl dabei haben, schieben sie es weg.

Seid ihr schon mal jemandem „blind“ gefolgt?
Was meint ihr: Warum kann so ein blinder Gehorsam gegenüber Menschen gefährlich sein?
Warum ist es wichtig, nur auf Personen zu hören, denen wir vertrauen können?
Wieso sollten wir immer auch selbst mitdenken?

Gehorsam zeigt sich nicht an Worten, sondern an Taten. Manche Leute sagen: „Ja, das mache ich“, aber dann tun sie doch etwas anderes.

Manche fragen auch so lange, bis sie bekommen, was sie wollen. Wie Mary. Sie erzählt: „Wenn Mama mir kein Eis gibt, dann gehe ich zu Papa. Wenn der mir erlaubt, ein Eis zu essen, bin ich richtig gehorsam und esse es.“ Oft weiß man schon vorher, wen man fragen muss, um seine Lieblingsantwort zu bekommen. Dann ist es leicht, gehorsam zu sein. Aber wie sieht es aus, wenn die Antwort anders ist, als wir uns das wünschen?

Die Hundeschule

Wissen

Hast du schon mal von einer Hundeschule gehört? Ja, tatsächlich: Auch Hunde können zur Schule gehen. Sie lernen dort nicht lesen, schreiben oder rechnen, sondern: fröhlich zu gehorchen.

Es gibt Kurse für kleine Welpen: Sie lernen zunächst einmal, ihrem Hundehalter zu vertrauen. Danach wird auch „Sitz“ und „Platz“ eingeübt. Außerdem lernen sie, gern an der Leine zu gehen.

Bei jungen Hunden macht der Hundetrainer Übungen, die schon mehr Gehorsam brauchen. Wenn die Hunde zum Beispiel rennen und der Hundehalter ruft „Platz“, sollen die Hunde stehen bleiben. Es gibt auch Übungen, in denen die Hunde lernen, gehorsam „Fuß zu gehen“, also auch ohne Leine nicht wegzulaufen, sondern neben dem Hundehalter herzugehen.

Es geht in der Hundeschule übrigens nicht darum, dass der Hund einfach nur gehorcht, weil der Hundehalter streng ist, sondern es geht darum, dass Vertrauen zwischen dem Hund und dem Hundehalter entsteht.

Das ist besonders wichtig im Umgang mit „Problemhunden“. Hier muss zuerst das Vertrauen da sein und dann kann der Hundebesitzer lernen, wie er mit dem Hund umgehen muss, damit das Tier ihm gern gehorcht.

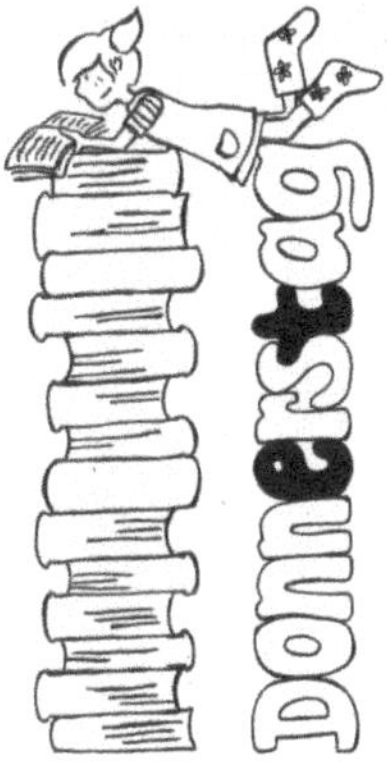

Lass dich führen!

Unfug

Gehorsam hat mit Vertrauen zu tun. Lass dir von jemandem, dem du vertraust, eine Minute lang sagen, was du tun sollst. Folge den Worten Schritt für Schritt. Wenn er sagt: „Geh rückwärts“, dann gehst du rückwärts. Wenn er sagt: „Bring den Müll raus“ oder „Kratz dich am Kinn“, folgst du. Das kann etwas Lustiges sein, aber auch etwas Sinnvolles, aber nie etwas Gefährliches oder Schlechtes. Nach der Minute wechselt ihr die Rollen.

Nachdem alle einmal „gefolgt“ seid, könnt ihr darüber sprechen. Wie ging es euch dabei? Was habt ihr gedacht? Was war einfacher: Bestimmen, was der andere tun soll, oder den Worten folgen?

Erst durch sein gehorsames Handeln wurde sein Glaube vollkommen. Jakobus 2,22

Logische Regeln

Action!

Wenn Eltern möchten, dass ihr Kind gehorcht, haben sie normalerweise gute Gründe dafür. Denkt einmal nach: Wo ist es euren Eltern am allerwichtigsten, dass ihr gehorsam seid? Überlegt euch fünf Regeln, von denen sie wollen, dass ihr sie unbedingt einhaltet.

Und warum wollen sie diesen Gehorsam? Gibt es gute Gründe dafür? Denkt darüber nach und wenn ihr es nicht versteht, dann fragt eure Eltern. Wahrscheinlich werdet ihr etwas Erstaunliches herausfinden.

Jesus fragen!

Gottes Wort

Denn uns ist ein Kind geboren!
Ein Sohn ist uns geschenkt!
Er wird die Herrschaft übernehmen.
Man nennt ihn „Wunderbarer Ratgeber", „Starker Gott", „Ewiger Vater", „Friedensfürst".
Jesaja 9,5

Von wem ist hier die Rede? Genau, Jesus! Er ist ein wunderbarer Ratgeber. Er weiß wirklich in allen Dingen den besten Rat. Gibt es Situationen, in denen du gern wissen würdest, was Jesus dir rät? Wie finden wir das heraus? Wir können zum Beispiel andere Christen fragen, ob sie sich vorstellen können, was Jesus uns für einen Ratschlag gibt. Wir können in der Bibel lesen, auch in der Kinderbibel. Oder wir können beten, dass Jesus zu uns redet, nicht laut, einfach so in unser Herz hinein. Das kann er nämlich.

Wer von euch braucht einen guten Rat von Jesus und möchte diesem Rat gehorsam sein?
Ihr könnt zusammen beten, dass Jesus euch guten Rat gibt.

Zusammen-
halten

Bärbel Löffel-Schröder

Schätze in der Nacht

Los geht's!

Zwei Brüder hatten gemeinsam einen Bauernhof und lebten auf einem Grundstück. Der eine war verheiratet, der andere lebte allein. Die beiden teilten sich die Ernte. Jeder bekam gleich viel.

Eines nachts dachte der allein lebende Bruder: „Mein Bruder gibt sich solche Mühe, damit seine Familie genug zu essen hat, aber ich bekomme die Hälfte der Ernte." Voller Liebe packte er einen Korb mit Sachen, die er von seinem Geld gekauft hatte, und nahm sich vor, heimlich zum Haus seines Bruders zu gehen, den Korb dort auszuladen und ihm nie zu sagen, wer den Korb dort hingestellt hatte.

In derselben Nacht dachte der verheiratete Bruder: „Mein Bruder ist allein und hat keine Familie. Ich will ihm eine Freude machen." Er hatte die Idee, einen Korb mit einem schönen Pullover, selbst gebackenem Brot und anderen Leckereien auf die Terrasse des Bruders zu stellen und ihm nichts davon zu sagen, dass er es war, der ihm den Korb gebracht hatte.

Als sich nun beide Brüder nachts heimlich auf den Weg zum Haus des jeweils anderen Bruders machten, stießen sie in der Dunkelheit gegeneinander. Da merkten sie, wie sehr sie zusammenhielten und einer sich um den anderen kümmerte.

Warum ist es so schön, wenn Freunde oder Geschwister zusammenhalten? Denkt ihr an eure Freunde und Geschwister?

Das Versprechen

Als Noomis Mann und ihre Söhne starben, sagte sie zu den Frauen ihrer Söhne: „Ich bin alt. Ich kann euch nichts mehr geben. Geht zurück zu euren Eltern.“ Orpa war traurig – aber sie ging. Rut aber sagte: „Ich lasse dich nicht allein. Ich gehe mit dir – dein Gott soll auch mein Gott sein.“

Noomi konnte es kaum glauben, aber Rut meinte es ganz ernst. Sie hielt zu ihr. Noomi war dankbar und freute sich. Gemeinsam gingen sie nach Bethlehem, Noomis alter Heimat. Sie waren arm und hungerten sehr. „Ich bin alt“, sagte Noomi. „Ich kann dir nichts geben. Aber ich gebe dir einen Rat: Geh auf die Felder und halte dich nah bei den anderen Frauen.“

Rut antwortete: „Ich sorge für dich und sammle Korn auf den Feldern.“

Gesagt, getan. Rut ging jeden Tag auf die Felder. Einige der Felder gehörten einem Mann namens Boas. Dem fiel auf, wie hart Rut jeden Tag arbeitete. „Sie sorgt für Noomi. Sie ist fleißig und herzensgut“, sagte er. „Noomi muss sie sehr lieben.“ Und es dauerte gar nicht lange, da liebte Boas sie auch. Er heiratete sie und bald bekamen sie einen Sohn.

Noomi konnte es kaum glauben. Aber sie war dankbar und freute sich. Gott sorgte für sie für den Rest ihres Lebens. Rut hatte versprochen, auch in schlechten Zeiten zu Noomi halten, und jetzt freuten sich die beiden an den guten Zeiten.

Alle gegen einen

Vorsicht, Falle!

Wenn zusammenhalten heißt: „Alle gegen einen“, dann ist das meistens kein gutes Zusammenhalten. Oder wie findest du das, was Mattheo oder Florentine da aushecken?

Mattheo flüstert: „Wir halten zusammen, okay? Wenn wir gleich die Mannschaft wählen, sucht keiner Lenny aus. Mit dem hab ich mich nämlich gestritten.“

Florentine meint zu ihren Freundinnen: „Wir gehören zusammen, das ist schon lange so. Luana gehört nicht zu uns. Die ist ja gerade erst hierhergezogen. Sie sieht auch irgendwie so komisch aus. Sollen wir sagen: Wer mit Luana redet, gehört nicht mehr zu uns?“

Wenn du merkst, dass es kein gutes Zusammenhalten gegen einen anderen ist, dann kannst du sagen: „Da mache ich nicht mit. Das ist feige: Alle gegen einen.“ Das braucht ein bisschen Mut. Aber es kann sein, dass die anderen dich für diesen Mut sogar bewundern.

Gemeinsam stark

Wissen

Delphine leben in Gruppen zusammen und halten richtig gut zusammen. Wenn etwa ein Hai versucht, die Delphine anzugreifen, dann tun sich die erwachsenen Delphine zusammen, um ihn zu vertreiben. Wenn ein Delphin sich verletzt, helfen ihm oft die anderen. Sie schieben ihn zur Oberfläche des Wassers, damit er Luft bekommt, und unterstützen ihn dabei, an einen sicheren Ort zu kommen.

Auch Zebras halten super zusammen. Ihre Streifen helfen ihnen dabei richtig gut. Wenn Zebras durch die weiten afrikanischen Steppen streifen, lauern dort viele Gefahren: Löwen oder andere Jäger. Ein einzelnes Tier ist ganz einfach zu sehen. Darum tun sich Hunderte von Zebras zusammen und wandern in einer riesigen Herde. Die kranken und schwachen bleiben am besten in der Mitte. Denn wenn viele Zebras dicht zusammenstehen, scheinen ihre Streifen zu verschmelzen. Das verwirrt die Jäger. Es fällt ihnen schwerer, ein einzelnes Zebra zu entdecken, das sie jagen können. Das heißt: So lange die Zebras zusammenbleiben, sind sie vor Gefahren sicher.

Was können wir von diesen wunderschön gestreiften Tieren lernen? Auch wir tun uns manchmal schwer, wenn wir ganz auf uns gestellt sind. Gott weiß, dass es uns besser geht, wenn wir zusammenhalten: die anderen schützen oder Probleme gemeinsam lösen. Zusammen sind wir stark.

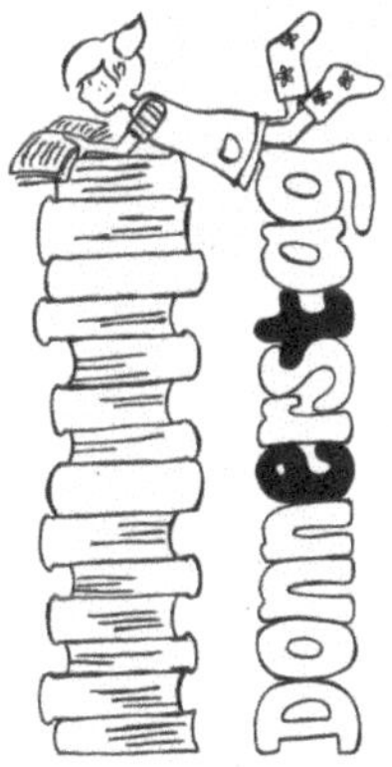

Stimmt da was nicht?

Unfug

Überlegt mal: Was stimmt an diesen Sätzen nicht?

- Wir Geschwister halten immer zusammen, wenn Mama sagt, dass wir mehr helfen sollen. Wir sagen dann: „Nein, Mama, wir streiken."
- Mein Freund Niklas hält immer zu mir. Ich klaue die Lutscher im Supermarkt und er lenkt solange den Verkäufer ab.
- Mama hält immer zu mir, wenn mein Bruder und ich streiten, auch wenn ich was falsch gemacht habe. Ich bin nämlich ihr Liebling.

Zusammen ist man stärker

Klebt zwei Stück dickes Papier mit Klebstoff aufeinander und wartet einige Minuten. Jetzt versucht, die beiden Papierseiten wieder zu trennen. Geht das? Nein, ein Stück Papier oder sogar beide werden nicht mehr ganz sein. So ist das, wenn Geschwister oder Freunde, die eigentlich zusammenhalten wollten, sich streiten und auseinandergehen. Irgendwie geht dann innen drin etwas kaputt. Dann ist es gut, wenn sie aufeinander zugehen und sagen: „Komm, wir halten wieder zusammen."

Natürlich müssen beide mitmachen. Wenn nur einer sich darum bemüht, reicht es nicht.

Die Foto-Runde

Action!

Was schafft ihr besser, wenn ihr zusammenhaltet? Wo wollt ihr einander besser unterstützen? Sprecht darüber. Dann holt jeder aus der Familie oder der Gruppe ein Foto von sich und setzt sich im Kreis hin. Wieso ist es besser, wenn wir zusammenhalten?

Ein Beispiel: Kiara sagt: „Weil Papa mir die Matheaufgaben erklärt, bekomme ich eine bessere Note." Dann legt sie ihr Foto in die Mitte und Papa legt seines dazu. Nun könnt ihr reihum erzählen, wie ihr mehr erreicht, wenn ihr zusammenhaltet.

Als Nächstes könnt ihr überlegen: „Wo können wir denn alle zusammenhalten und dadurch mehr erreichen?" Wem zuerst etwas einfällt, der darf es sagen.

Zum Abschluss darf jeder, der möchte, Gott dafür danken, dass eure Gruppe oder Familie zusammenhält. Dabei kann man auch Beispiele nennen und die Fotos so hinlegen, dass sie zu den Beispielen passen.

Vielleicht gibt es jemanden, zu dem ihr in letzter Zeit nicht so doll gehalten habt. Dann überlegt doch einmal, wie ihr es wieder tun könnt. Oder habt ihr euch allein gelassen gefühlt? Wer könnte euch unterstützen?

Gottes Wort

Ein Seil aus drei Schnüren reißt nicht so schnell!

Prediger 4,12

Gute Freunde halten zusammen. Vielleicht möchtet ihr euch dafür ein Zeichen herstellen. Nehmt dazu drei Bänder oder Schnüre und schreibt auf zwei davon eure Namen. Auf die dritte Schnur könnt ihr den Namen von Jesus schreiben. Denn er hält immer zu euch. Dann knüpft ihr die drei Schnüre zusammen und sagt: „Wir wollen mit Jesus zusammenhalten!“ Wer möchte, kann sogar beten: „Jesus, hilf uns, mit dir zusammenzuhalten.“

Echtsein

Bärbel Löffel-Schröder

Gott macht keinen Mist

Los geht's!

Ich wusste, ich habe auch gute Seiten. Papa gab mit meinen guten Zensuren an. Mama war stolz darauf, dass ich ein nettes Mädchen bin und Oma lobte mein hübsches Gesicht. „Ja, zu schade, dass alles andere Mist ist", dachte ich. Ich war größer als alle meine Freundinnen. Viel größer. Und das machte mir wirklich etwas aus. Nicht nur etwas. Es machte mir richtig viel aus. Mein ganzer Körper war viel zu groß. Und zu mächtig.

Aber Volleyball konnte ich richtig gut. Da wurde ich bewundert. Es war toll, auf dem Spielfeld rumzurennen und von den Zuschauern angefeuert zu werden. Sogar ein Foto von unserer Mannschaft kam in die Zeitung. Ich saß vorn in der Mitte und war ein wichtiger Teil dieser Mannschaft. Das gefiel mir. Ich war zufrieden damit, wer ich war und mit dem, was ich tat. In der Zeitung stand: „Loni führt die Mannschaft zur Landesmeisterschaft." Meine Mannschaft rahmte unser Foto ein und hängte es zwischen dem Umkleideraum und dem Spielfeld auf.

Der Abend des Endspiels kam. Ich führte die Mannschaft bei unserem Einzug an. Wir hörten die Leute begeistert klatschen. Ich schaute auf unser Foto und – oh nein – ich erstarrte geschockt. Zwei Wörter waren in Rot über das Bild geschmiert: „Stinke-Stier!" – „Loni, „Stinke-Stier" führt die Mannschaft zur Meisterschaft. Plötzlich schoss es mir durch den Kopf: „Das ist also die Wahrheit. Das bin ich also."

Los geht's!

Die anderen Mädchen versuchten, mich zu trösten. Aber alles half nicht, denn keiner sagte: „Das stimmt doch nicht!“ Ich versuchte zu spielen, aber vor mir sah ich nur die Worte: „Stinke-Stier“. Als ich weiterspielte, riefen einige Jungen ein Spottlied: „Gebt mir ein S, gebt mir ein T, ein I, ein E, gebt mir ein R! Was stinkt hier so? Loni!“ Ich war so geschockt, dass mich das total vom Spiel ablenkte. Der Trainer sprach mich darauf an: „Loni, kannst du dich nicht auf das Spiel konzentrieren? Ich lasse dich noch im Spiel, doch wenn du dich weiterhin so ablenken lässt, dann nehme ich dich raus.“

Ich nickte, aber mir ging es richtig schlecht. Doch auf einmal tat sich etwas in mir. Mir kam ein Satz in den Sinn, der in Omas Küche hing: „Gott erschafft keinen Mist.“ Ich war kein stinkender Stier, sondern wertvoll. Und dieser Wert war von Gott.

Auf einmal war ich frei. Ob die Jungen spotteten oder nicht, war mir egal, auch wenn es mir natürlich nicht gefiel. Sie hatten keine Macht mehr über mein Leben. Das Spiel war bis jetzt ziemlich unentschieden. Wir spielten total angestrengt. Und dann hatte ich den letzten Aufschlag. Und der – JAAA – wurde perfekt und brachte den Sieg. Die Zuschauer tobten vor Begeisterung. „Loni, Loni!“, schallte es durch die Halle. Doch seltsam, diese Jubelrufe begeisterten mich gar nicht mehr so sehr wie sonst. Denn die Freude, die ich spürte

- das Selbstwertgefühl, das ich gefunden hatte –, war mehr als alles Klatschen und aller Beifall.

Denn ich wusste: Egal, was andere über mich denken – Gutes oder Schlechtes –, Gott hat mich gemacht. Ich bin wundervoll geschaffen. Ich bin Loni.

Los geht's!

Habt ihr es auch schon mal erlebt, dass euch jemand hänselt?

Der Prahlehans

Spannendes aus der Bibel

Jesus traf einige Leute, die dachten, sie seien besser als die anderen. Sie meinten sogar: „Ach, Gott findet gar keinen Fehler an uns!“ Aber da machten sie sich selbst etwas vor. Deshalb erzählte Jesus ihnen eine Geschichte:

Zwei Männer kamen in den Tempel. Beide wollten dort beten. Der eine dachte, er würde vor Gott alles richtig machen. Der andere war ein Zolleinnehmer, der wusste, dass er oft falsche Dinge getan hatte. Der Eingebildete dachte: ‚So, ich stelle mich mal vorn hin zum Beten.‘ „Gott“, betete er leise, „ich kann echt froh sein, dass ich besser bin als die anderen Menschen, besser als die, die klauen oder lügen oder die, die ihren Ehepartner betrügen. Danke, dass ich ein

besserer Mensch bin, auch besser als dieser Zolleinnehmer! Denn ich halte mich gut an deine Regeln."

Der Zolleinnehmer war ganz hinten geblieben. Er sah sich so, wie er wirklich war. Und ihm tat das, was er Böses getan hatte, voll leid. So sagte er: „Gott, bitte verzeih mir, ich bin ein sündiger Mensch!"

Jesus erklärte: „Ich sage euch, der Zolleinnehmer ging von seiner Schuld befreit nach Hause – ganz im Unterschied zu dem Mann, der meinte, dass er alles richtig machen würde. Denn wer so tut, als ob er besser sei, und versucht, sich dadurch größer zu machen, der wird kleiner gemacht werden. Nur wer sich selbst kleiner macht, der wird größer gemacht werden."

Nach Lukas 18

Was meint ihr: Warum ist es nicht so schlau, vor Gott zu prahlen oder ihm etwas vorzumachen? Kennt ihr jemanden, der sich immer aufspielt und meint, er sei etwas Besseres? Wie kommt das an?

So bin ich eben! Basta!

Vorsicht, Falle!

Manche Menschen sagen: „So bin ich eben – ich kann nicht anders!"

Ein Beispiel: Lena sagt Nele: „Rosa steht dir gar nicht. Du siehst aus wie ein Schweinchen mit dem T-Shirt." Nele ist natürlich traurig und antwortet: „Das ist aber gemein. Sag so was nicht noch mal!" Da meint Lena: „Ich sag eben immer, was ich denke. So bin ich halt."

„So bin ich halt!" Diese Worte können auch eine Ausrede sein. Denn es gibt so manches, was wir an uns ändern können – und wir bleiben trotzdem ganz echt dabei.

Fällt euch noch etwas ein, das andere stört, aber ihr sagt: „Ich kann nichts dafür. So bin ich eben?" Überlegt doch mal, ob ihr euch ändern wollt. Denn das ist oft der erste Schritt.

Echt oder gefälscht?

Wissen

Viele Dinge werden gefälscht. Manche Leute kopieren Geldscheine und bezahlen damit, als seien sie echt. Kunstfälscher kopieren zum Beispiel Bilder berühmter Maler und verkaufen sie als echt. Eine Fälschung sieht genauso aus wie das Echte. Oft können nur Leute, die es gelernt haben, unterscheiden, was echt ist und was eine Fälschung.

Wenn Leute erwischt werden, die wertvolle Sachen gefälscht und verkauft haben, müssen sie vor Gericht und kommen teilweise auch ins Gefängnis. Denn jeder fühlt sich betrogen, wenn er statt etwas Echtem eine Kopie bekommt. Fälschungen sind nämlich wertlos. Ein Bild, was nicht wirklich der berühmte Maler gemalt hat, ist kaum etwas wert, auch wenn es genauso aussieht wie das echte.

Auch jeder Mensch ist ein Original und unendlich wertvoll. Wir brauchen uns nicht zu verstellen oder andere – wie Stars – kopieren.

Veralbert!

Unfug

Hast du Lust, jemandem einen Streich zu spielen? Wenn du dein Frühstücksei aufgegessen hast, stell die Eierschale so in den Eierbecher, dass die Schale wie ein echtes Ei aussieht. Dann frag: „Hier, möchtest du mein Ei?“ Der andere denkt dann, dass es ein echtes Ei zum Essen ist und nicht nur die Eierschale, hebt es hoch und du rufst: „Ätsch, reingefallen.“

Hast du eine Plastikspinne? Dann leg sie mal jemandem auf den Arm. Der andere wird sich vielleicht vor Schreck schütteln. Oder du hältst jemandem eine Plastikblume hin und sagst: „Hier, riech mal.“

Finden die Leute das gut? Lachen sie oder fühlen sie sich reingelegt? Naja, manchmal nervt es einen, wenn man etwas für echt hält, was in Wirklichkeit nicht echt ist. Aber wenn es nur ein Streich ist, müssen die Leute meistens irgendwann mitlachen.

Trau dich!

Action!

Traut ihr euch manchmal nicht, zu sagen, was ihr denkt, oder zuzugeben, dass ihr etwas mögt, was die anderen uncool finden? Habt ihr Angst, die anderen würden euch auslachen, wenn ihr eine eigene Meinung habt?

Beispiele:

- In Finns Schulklasse finden alle eine Fußballmannschaft voll cool. Finn ist eigentlich Fan von einer anderen Mannschaft. Aber das sagt er nur zu Hause. In der Schule tut er so, als ob er für die gleiche Mannschaft ist wie die anderen.
- Leas Eltern haben nicht so viel Geld. Deshalb können ihre Eltern ihr nicht so viele Klamotten kaufen, wie die anderen Mädchen sie haben. Lea möchte nicht, dass irgendein Mädchen in der Klasse weiß, dass sie nicht reich sind. Deshalb ist sie oft still und hat keine Freundin.

Probiert mal aus, eure Meinung zu sagen oder ein Problem zuzugeben. Wenn ihr echt seid, macht euch das stärker und es geht euch besser, als wenn ihr immer so tun müsst, als ob. Und meistens mögen auch die anderen Kinder es lieber, wenn jemand echt ist und seine eigene Meinung hat.

Herr, ich danke dir dafür, dass du mich so wunderbar und einzigartig gemacht hast.

Psalm 139,14

Gott hat uns wunderbar und einzigartig gemacht. Trotzdem denken wir manchmal: „Eigentlich wäre ich lieber anders." Wenn ihr wollt, kann sich jeder mal so verkleiden, wie er oder sie gern wäre. Dann erzählt den anderen, wie ihr euch gern sehen würdet: vielleicht als Prinzessin oder als reicher Mann oder als beliebtestes Mädchen der Klasse oder als Fußballstar?

Jeder in der Runde darf sich etwas überlegen und es den anderen erzählen. Schön wäre es, wenn ihr euch gegenseitig sagt: „Du bist super, so wie du bist. Du brauchst keine Prinzessin/kein Supermodel/kein reicher Mann zu sein."

Vergiss nie: Gott hat dich wunderbar und einzigartig gemacht. Nichts und niemand könnte Gott davon überzeugen, dich mehr oder weniger zu lieben, als er es jetzt tut.

Toleranz

Bärbel Löffel-Schröder

Das Ei

Los geht's!

Als Philip neu in die Gruppe vom Kindergottesdienst kam, sagten die Kinder nicht: „Schön, dass du bei uns bist, Philip!“ Er war irgendwie anders. Sein Gesicht sah anders aus als die Gesichter der übrigen Kinder. Obwohl er schon neun Jahre alt war, lernte er alles viel langsamer. Überhaupt benahm er sich oft wie ein kleines Kind, nicht wie acht oder neun. Die anderen Kinder waren unsicher, weil er anders war als sie. Deshalb lachten sie manchmal über ihn und ließen ihn nicht wirklich Freund sein.

Eines Sonntags nach Ostern brachte ihnen ein Mitarbeiter ein paar Plastikeier mit, die sich in der Mitte öffnen ließen. Jedes Kind bekam eines dieser Eier. Die Kinder sollten nach draußen gehen und irgendetwas in ihr Plastikei sammeln, was an „neues Leben“ erinnert.

Alle hatten Spaß dabei. Als sie wieder zusammen waren, öffnete der Mitarbeiter ein Ei nach dem anderen. Ein Kind hatte eine Blume gefunden. Das war eine gute Idee. Ein anderes Kind ein Blatt. Als der Mitarbeiter das letzte Ei öffnete, war es leer. „Das ist aber blöd“, meinte ein Kind.

Der Mitarbeiter spürte, wie jemand an seinem Hemd zog. Es war Philip. Er sah zu ihm auf und sagte: „Das gehört mir. Ich hab das extra gemacht. Ich hab neues Leben, weil das Grab leer ist.“ Damit meinte er: Das Grab ist leer, in dem Jesus gelegen hatte. Denn er ist auferstanden und nun gibt er uns neues Leben. – Alle Kinder staunten.

Von diesem Tag an gehörte Philip zur Gruppe. Er war willkommen bei den anderen Kindern. Sie sprachen nie wieder über das, was bei Philip anders war. Sie nahmen ihn an, so wie er war.

Philips Eltern wussten, dass Philip nicht lange leben würde. Denn sein kleiner Körper war sehr, sehr krank. In diesem Sommer wurde er total schwach und starb bald darauf. Bei Philips Beerdigung zogen die Kinder seiner Kindergottesdienstgruppe an seinem Sarg vorbei, ohne Blumen. Aber dann legten sie zusammen mit dem Mitarbeiter nur eins auf das Grab: ein leeres Plastikei. Alle dachten daran, was Philip vor einigen Monaten gesagt hatte: „Ich hab neues Leben, weil das Grab leer ist.“

Habt ihr schon mal erlebt, dass ein Kind abgelehnt wird, weil es anders ist? Vielleicht ist euch das sogar schon einmal selbst passiert?

Die Frau am Brunnen

Spannendes aus der Bibel

Jesus war lange zu Fuß gegangen. Es war schon Mittag und er war jetzt müde und hatte Durst. Deshalb setzte er sich an einen Brunnen. Als eine Samariterin Wasser aus dem Brunnen holen wollte, bat Jesus die Frau, ihm auch Wasser zu geben. Sie war überrascht. Normalerweise wollten die Juden nichts mit den Leuten aus Samaria zu tun haben. Deshalb fragte sie nach. „Willst du wirklich, dass ich dir Wasser gebe? Ich bin doch eine samaritische Frau und du bist ein Jude."

Doch Jesus sagte nicht: Mit Samaritern will ich nichts zu tun haben. Im Gegenteil: Er erzählte der Frau von dem lebendigen Wasser. Von dem Leben, das nur er allein geben kann. Die Frau fing an zu ahnen, was Jesus meinte. Dieses volle Leben, das wollte sie gern haben. Ein Leben, bei dem sich das Herz nicht durstig fühlt. Als Jesus dann Dinge aus ihrem Leben nannte, die er nur von Gott wissen konnte, war die Frau total erstaunt. Sie ließ alles liegen und stehen, rannte in die Stadt. Aufgeregt rief sie allen Leuten zu: „Kommt mit! Ich habe einen Mann getroffen, der alles von mir weiß! Vielleicht ist er der Christus!"

Jesus zeigt, dass Gott alle Menschen liebt – egal, aus welchem Land sie kommen.

Offen für alles?

Vorsicht, Falle!

Eine Gefahr ist es, wenn Menschen sagen: „Man muss offen sein für alles." Aber wer offen für alles ist, glaubt eigentlich an nichts. Außerdem kann nicht alles gleich „wahr" sein, denn viele Fakten und Behauptungen widersprechen sich.

Manche sagen etwa, dass jede Religion zu Gott führt und dass es ganz egal sei, was man glaubt. „Hauptsache, man glaubt an irgendetwas", meinen sie. Überlegt mal: Viele Religionen sind sehr unterschiedlich – kann denn alles gleichzeitig wahr sein?

In der Bibel steht, dass Jesust sagt: „Ich bin der Weg, ich bin die Wahrheit, und ich bin das Leben! Ohne mich kann niemand zum Vater kommen" (Johannes 14,6). Meint ihr Jesus war „offen für alles"?

Vorurteile

Wissen

Wer andere ablehnt, weil sie anders sind, tut das oft, weil er Vorurteile hat. Das heißt, er beurteilt Menschen, bevor er überhaupt weiß, was Sache ist, und nimmt sich nicht die Zeit, die Wahrheit herauszufinden. Meistens liegt man so falsch. Hier ein Beispiel aus der Tierwelt: Vorurteile über Hausschweine. Es gibt viele Sprüche über Schweine, die aber gar nicht stimmen:

- „Ich schwitze wie ein Schwein." Stimmt nicht, denn Schweine können gar nicht schwitzen.
- „Du siehst ja aus wie ein Schwein", sagen viele, wenn man sich schmutzig gemacht hat. Dabei sind Hausschweine eigentlich richtig saubere Tiere.
- „Du dummes Schwein" ist als Beleidigung gemeint. Stimmt aber auch nicht, denn Schweine sind klüger als viele Hunde.

Zeichensprache

Kennst du Kinder, die eine andere Sprache sprechen? Du denkst: Dann können wir auch nicht zusammen spielen! Doch, ihr könnt. Verständigt euch einfach mit Zeichensprache. Du kannst dir Zeichen ausdenken, mit denen ihr euch verstehen könnt. Wenn du zum Beispiel mit der Hand zuerst auf dich, dann auf das andere Kind zeigst und dann auf den Ball, versteht das Kind: „Wollen wir zusammen Ball spielen?“ Wenn du beide Handflächen nach oben hältst, bedeutet das: „Ich weiß nicht.“ Das sind ziemlich einfache Zeichen. Bestimmt fallen dir noch schwierigere ein.

Ihr könnt auch „Zeichenspracheraten“ spielen. Überleg dir ein Handzeichen und die anderen müssen herausfinden, was es bedeutet. Wer es zuerst rät, darf das nächste Zeichen vormachen.

Eine neue Sicht

Action!

Habt ihr schon mal erlebt, dass jemand Vorurteile hatte? Oder vielleicht habt ihr selbst etwas Falsches über jemanden geglaubt? Erzählt doch mal davon.

Beispiele:

- Das neue Mädchen in meiner Klasse hat so tolle Klamotten, die ist bestimmt total eingebildet.
- Die Familie wohnt in einem Haus, das voll alt aussieht. Bestimmt stinkt es bei denen in der Wohnung.
- Der Junge ist so dick. Der futtert wohl dauernd nur Chips.

Wie wäre es, wenn ihr mal versucht, die Kinder, gegen die ihr ein Vorurteil habt, besser kennenzulernen? Vielleicht lösen sich die Vorurteile dann in Luft auf.

Gottes Wort

VERURTEILT KEINEN MENSCHEN

DANN WERDET AUCH IHR NICHT VERURTEILT

LUKAS 6,37

Warum machen wir eigentlich andere schlecht? Meistens, um selbst besser dazustehen. Manchmal auch, um uns an ihnen zu rächen. Aber Jesus möchte, dass wir liebevoll sind und sogar denen vergeben, die uns geärgert oder schlecht behandelt haben.

Fällt dir jemand ein, den du gern schlechtmachst oder verurteilst? Dann kannst du den Namen in das Gebet einsetzen:

„Jesus, bitte hilf mir, ____________ besser zu verstehen und liebevoll zu behandeln. Erinnere mich daran, dass ich ____________ nicht verurteile. Ich möchte ____________ besser kennenlernen und ich vergebe ____________, wo er/sie mich beleidigt hat.

Bestimmt fällt dir noch mehr ein, wofür du beten kannst.

Freundschaft

Bärbel Löffel-Schröder

Ronnie und ich

Los geht's!

An diesem Abend kam Basti zornig ins Haus gestürmt. Ja, wirklich zornig. Er war voll aufgeregt. „Daran ist nur Ronnie schuld!", maulte er. Ronnie war eigentlich sein bester Freund und wohnte auf der anderen Seite der Straße. „Aber jetzt ist er nicht mehr mein Freund!", erklärte Basti. „Der soll nie mehr zu uns kommen. Niemals. Niemals."

Wir wussten nicht, was Ronnie getan hatte und warum die beiden sich so zerstritten hatten. Aber irgendwie waren wir traurig darüber, dass Ronnie nicht mehr Bastis Freund sein sollte. Wir mochten Ronnie. Ja, wir mochten ihn sogar sehr. Deshalb war unsere Stimmung beim Abendessen ziemlich bedrückt.

Doch plötzlich klingelte es an der Tür. Basti rannte wie üblich hin und kam zurück mit …? Na ratet mal, mit wem. Genau! Mit Ronnie. „Hey, Mama, kann Ronnie auch etwas Eis bekommen?", fragte er mich.

„Natürlich", antwortete ich. Ich staunte darüber, dass Basti Ronnie nun doch wieder in unser Haus kommen ließ. Deshalb fragte ich: „Aber, Basti, was ist mit dem, was du eben gesagt hast? Hast du das denn nicht ernst gemeint?"

„Oh sicher. Total ernst", war seine Antwort. „Aber Ronnie und ich, wir sind gut im Vergessen."

Wir alle freuten uns, dass die beiden sich so schnell versöhnt hatten und ihren großen Streit vergessen wollten.

Los geht's!

Überlegt mal: Wieso haben sich die beiden wohl so schnell wieder vertragen?

Warum gibt es auch unter besten Freunden manchmal Streit?

Habt ihr euch auch schon mal so richtig gestritten mit einem Freund oder einer Freundin? Wie habt ihr euch wieder vertragen?

David und sein bester Freund

Spannendes aus der Bibel

Auf den ersten Blick mochten sie sich, die beiden Jungs: David und Jonatan. Keiner wusste genau warum – sie merkten einfach: Mit dem bin ich gern zusammen. Und sie versprachen sich ewige Freundschaft. Damals war David ein einfacher Junge, der Schafe hütete. Aber Gott hatte ihn ausgesucht, der neue König zu werden. Jonatan war der Sohn des Königs Saul. Der König hatte keine Ahnung, dass David einmal seinen Platz einnehmen würde. Er ließ David einfach an seinen Königshof kommen, um für ihn Harfe zu spielen, was er sehr gut konnte. Als David dann noch den Riesen Goliath besiegte, nahm König Saul ihn ganz zu sich an den Königshof und David wurde der Chef der Kriegsleute.

Jonatan und David verbrachten mehr Zeit miteinander und mochten sich immer mehr. Einmal sagte Jonatan sogar: „Du bist mir so lieb wie mein eigenes Leben." Ihre Freundschaft sollte ewig halten, auch wenn es mal schwierig werden würde.

Und es wurde schwierig. Jonatans Vater merkte nämlich, dass die Menschen in seinem Land David mehr zujubelten als ihm, weil David so viele Siege erreicht hatte. Und da wurde er richtig eifersüchtig. Er hatte Angst, dass David König würde. Die Freundschaft von König Saul mit David war keine echte Freundschaft. Er hatte ihn nämlich nur lieb, als David ihm etwas nützte. Aber als David beliebter wurde als Saul, da verwandelte sich Sauls

Freundschaft zu David in Feindschaft. Nie wieder wollte er sich mit David vertragen.

Irgendwann fing er sogar an, mit seinem Sohn Jonatan und seinen Angestellten ganz offen darüber zu sprechen, dass er David töten wolle. Da bat David seinen Freund: „Jonatan, liefere mich nicht deinem Vater aus. Denk daran, dass wir uns vor Gott ewige Freundschaft versprochen haben." Jonatan nickte. Na klar würde er David beschützen. Niemals würde er zulassen, dass David umgebracht würde. Deshalb hielt er zu David und warnte ihn, sodass der sich vor Saul verstecken konnte.

Aber auch Jonatan wünschte sich etwas von David: „Wenn du König wirst, dann sei mein Leben lang so gütig zu mir, wie Gott es dir gegenüber ist! Lass mich und meine Kinder leben und sei auch gütig zu meinen Kindern, wenn ich nicht mehr lebe. Vergiss nie, was wir uns gegenseitig versprochen haben! Das weiß auch Gott."

Nach 1. Samuel 18–20

Überlegt mal: Wer ist für euch ein guter Freund und wie habt ihr euch gefunden? Was macht ihr, wenn es mal schwierig wird? Haltet ihr an der Freundschaft fest? Muss eine gute Freundschaft für immer bestehen? Was ist, wenn der andere sich verändert?

Falsche Freunde

Vorsicht, Falle!

Falsche Freunde verändern dich, sodass du Dinge tust oder denkst, die nicht gut sind. Hier ein paar Beispiele:

- „Colin, wenn du mein Freund bist, dann kannst du hier Wache halten, und wenn der Verkäufer nicht hinguckt, gibst du mir ein Zeichen und ich klaue die Fußballbilder. Wir teilen auch hinterher."
- „Romy, du bist ja meine beste Freundin und deshalb darfst du keinem sagen, dass ich gelogen habe."
- „Mara, du kannst nur meine Freundin sein, wenn du nicht mehr mit Jette spielst. Wie die schon aussieht … voll uncool."

Falsche Freunde wollen auch, dass du nur das tust, was sie sagen. Dann kannst du mutig Nein sagen: „Nein, beim Klauen helfe ich dir nicht." „Nein, ich kann sagen, was ich will." „Nein, ich möchte trotzdem mit Jette spielen …"

Es lohnt sich, gut aufzupassen, wie wir uns Freunde aussuchen. Denn weil man so viel zusammen ist, denkt und redet man oft auch wie sie.

Habt ihr auch Freunde, die ganz anders sind als ihr? Oder seid ihr euch eher ähnlich? Wo möchtet ihr gern so sein wie eure Freunde und wo gar nicht?

Lustige Freunde

Wissen

In der Tierwelt gibt es manchmal ungewöhnliche Freundschaften. So passierte in einem Zoo in Japan etwas, was man sich kaum vorstellen kann: Ein Zwerghamster und eine Schlange wurden richtig gute Freunde. Der kleine Hamster sollte eigentlich das Futter für die Schlange sein, sogar ein besonders leckeres Futter. Stattdessen freundete sich die Schlange mit dem Hamster an. Manchmal machte der Hamster sogar auf dem Rücken der Schlange ein kleines Schläfchen.

Echte Freunde

Unfug

Denk dir lustige Sätze über Freundschaft aus. Was machen echte Freunde so zusammen?

Freundschaft ist, …
… wenn du nach einem richtig guten Essen so laut rülpst wie ich.
… wenn du rosa Söckchen hast und ich rote und jeder dem anderen eine Socke von sich schenkt.
… wenn ich richtig rot werde, weil mir was peinlich ist, und du sagst: „Du siehst grad irgendwie cool aus."
… wenn andere mich beleidigen und du sagst: „Wen meinen die denn? Hier ist doch niemand, der so ist."

Bestimmt fällt euch noch viel mehr ein.

Danken

Action!

Es ist schön, einen guten Freund oder eine Freundin zu haben. Vielleicht möchtet ihr für euch selbst und einen Freund etwas basteln, was zeigt, wie sehr ihr zusammengehört.

Wie gefallen euch diese Ideen: Nimm eine Pappe und male dich selbst und deinen Freund oder deine Freundin darauf. Dann schneide die Pappe in Wellenlinien durch, wie zwei Puzzleteile.

Es ist eine schöne Überraschung, wenn du die Puzzleteile verschickst und dein Freund sie zusammensetzen kann und auch sieht, wie wichtig er für dich ist.

Oder du knüpfst zwei Freundschaftsbändchen für dich und deine Freundin mit einem kleinen Zettel: „Du bist so eine gute Freundin."

Wieder vertragen

Vielleicht hattest du auch mit einer Freundin oder einem Freund Streit? Das kommt selbst unter den besten Freunden vor. Wie wäre es mit einem Versöhnungsbrief oder einem Anruf?

Neue Freunde

Action!

Es kann auch sein, dass du momentan wenige Freunde hast und dir ganz doll einen guten Freund wünschst. Das geht vielen Kindern so. Gern kannst du Gott deinen Wunsch sagen. Bitte ihn einfach, dir eine Freundin oder einen Freund zu schenken und dir zu zeigen, wie du anderen ein Freund sein kannst. Denn die meisten Freundschaften fangen so an, dass man einfach einem anderen zuerst ein Freund ist.

Jeder darf erzählen, wer sein Freund oder seine Freundin ist. Was hast du mit deinem Freund erlebt? Hat er dir geholfen, als es dir schlecht ging? Und – bist du selbst ein guter Freund, auf den man sich verlassen kann?

Auf einen Freund kannst du dich immer verlassen.
Sprüche 17,17

Der allerbeste Freund

Gottes Wort

Jesus ist der allerbeste Freund, den man sich wünschen kann. Auf ihn können wir uns verlassen. Übrigens: Jesus wählt sich nicht nur die Tollen als Freunde aus. Er sucht auch Freundschaft zu den anderen, die nicht so beliebt waren oder sogar einen schlechten Ruf hatten. Deshalb erzählten die Leute damals: „Stell dir vor, Jesus ist ein Freund von denen, die keiner leiden kann und die richtig viel falsch machen. Die nimmt er an und isst sogar mit ihnen." (Schau mal in Lukas 7,34 und Lukas 15,2 nach.) Ihm waren alle Menschen wichtig.

Gibt es Kinder oder Erwachsene, die ihr kennt und die keinen Freund haben? Vielleicht könnt ihr ihnen eure Freundschaft anbieten. Wie wäre es, wenn ihr sie mal zum Essen einladet oder mit ihnen Spiele macht oder sie in eure Kindergruppe einladet?

Wenn Leute gar keinen Freund haben, sind sie darüber so traurig, dass sie sich manchmal richtig unmöglich benehmen. Wenn sie aber dann einen Freund haben, werden sie meist viel netter. Jesus freut sich, wenn wir Freunde für die sind, die keine Freunde haben. Und wenn wir ihnen von Jesus erzählen, dann lernen sie vielleicht noch den allerbesten Freund kennen, den es gibt.

Sonntag

Güte

Bärbel Löffel-Schröder

»Ich will den da!«

Los geht's!

Ein Bauer hat ein Schild mit der Aufschrift „Welpen zu verkaufen“ an seinem Zaun befestigt. Gespannt wartet er auf Leute, die gerne einen kleinen Hund kaufen wollen.

Bald kommt ein kleiner Junge an seinem Bauernhof vorbei. Strahlend lächelt er ihn an und sagt: „Ich möchte einen Hundewelpen kaufen.“

„Hm, weißt du, die Welpen kosten einiges“, sagt der Bauer zögernd.

„Ich habe 39 Cent. Ist das genug?“

Der Bauer möchte ihm eine Freude machen und pfeift nach der Hundemutter. „Dolly! Hierher!“ Und schon kommt Dolly, vier kleine Fellknäuel tapsen aus der Hundehütte hinterher. Dann folgt eines, das humpelt und kleiner ist als die anderen. Der Junge ruft: „Ich will den da.“

Der Bauer erklärt: „Junge, ich glaube nicht, dass du diesen Welpen nehmen solltest. Er hat ein kaputtes Bein und wird nie so rennen und toben können, wie du dir das wünschst.“

Als Antwort hebt der Junge eins seiner Hosenbeine hoch und zeigt eine Metallschiene, die sein Bein stützt und unten einen Spezialschuh hält. „Sehen Sie, ich kann selbst nicht so rennen und toben, wie ich mir das wünsche, und der kleine Hund wird jemanden brauchen, der das versteht.“

Güte hilft uns, andere mit neuen Augen zu sehen und sie besser zu verstehen.

Die Güte des Königs

Als Jonatan tot war, dachte König David an sein Versprechen, Jonatans Kindern seine Güte zu zeigen. Aber er musste erst mal rauskriegen, ob noch jemand von Jonatans Verwandten lebte. *Ach, das könnte ich vielleicht durch Ziba rauskriegen*, dachte er. *Der war doch der Diener der Familie von Jonatans Vater.* Und tatsächlich, Ziba kannte sich aus. „Ja“, erzählte er, „ein Sohn von Jonatan lebt noch: Mefi-Boschet. Er hat eine Behinderung am Bein.“

„Er soll an den Königshof gebracht werden“, sagte David. „Ich möchte ihm Gutes tun, damit er Gottes Güte durch mich erfährt.“

Mefi-Boschet war total verlegen, als er zum König kam. Er meinte, dass er doch ein ganz kleiner Diener von König David sei, und warf sich vor ihm auf den Boden. Aber David versuchte, sein Vertrauen zu gewinnen. Er erzählte ihm von seiner wunderbaren Freundschaft zu Jonatan und sagte: „Mefi-Boschet, ich will dir Gutes tun, weil dein Vater mein allerbester Freund war. Du bekommst von mir alle Felder zurück, die früher deinem Großvater Saul gehörten. Du bist nicht mein Diener, sondern ich lade dich ein, mich jeden Tag zu besuchen und mit mir zusammen zu essen.“ David gab Mefi-Boschet auch Diener, die für ihn arbeiteten.

Er zeigte ihm Gottes Güte, denn Mefi-Boschet war nicht nur der Sohn seines Freundes Jonatan, sondern auch das Enkelkind des früheren König Sauls. Und dieser Saul war richtig böse zu David

gewesen und wollte ihn damals sogar umbringen. Aber David ließ Mefi-Boschet nicht für das leiden, was sein Opa falsch gemacht hatte. Nein, im Gegenteil, er überschüttete ihn mit Gutem. Mefi-Boschet konnte diese Güte kaum verstehen. Sein Leben veränderte sich dadurch total zum Guten.

Nach 2. Samuel 9

Gut oder gut gemeint?

Vorsicht, Falle!

Wenn jemand sehr gütig ist, tut das den anderen so richtig gut. Aber manchmal wird Güte auch ausgenutzt. Wenn zum Beispiel Hanna Mama sehr gern hilft, kann es sein, dass ihre Geschwister immer sagen: „Hanna kann dir doch helfen. Wir müssen grade noch unser Spiel fertig machen."

Oder wenn Julian manchmal etwas von seinem Frühstück an seinen Freund abgibt, kann es sein, dass der Freund sagt: „Du kannst mir ja jeden Tag was Schönes mitbringen."

So etwas nennt man ausnutzen. Manchmal merken Kinder oder Erwachsene, die gern Gutes tun, erst sehr spät, dass sie ausgenutzt werden. Wenn jemand euch ausnutzt, tut ihm das selber auch nicht gut, denn er verlässt sich darauf, dass ihr ihm immer helft und er sich nicht selbst anstrengen muss. Und dann muss man reden.

Güte heißt nämlich nicht, immer nur freundlich zu sein. Manchmal ist es auch gut, richtig hart und streng mit jemandem zu sein. Zum Beispiel, wenn euch jemand ausnutzt und immer gemein ist. Dann muss man auch ehrlich sagen: „So geht das nicht!"

Das Rollstuhl-Experiment

Wissen

Ein paar Schulkinder wollten gern herausfinden, wie sich ein Kind im Rollstuhl fühlt. Mit Erlaubnis ihrer Lehrer beschlossen sie, ein Experiment zu machen. Sie besorgten sich einen Rollstuhl. Ein Kind setzte sich jeweils für einige Stunden in diesen Rollstuhl, das andere Kind war der Rollstuhlbegleiter. Sie mussten einige Probleme lösen: Wie kommen wir die Treppenstufen zum Physikraum hoch? Und wer hebt mich aus dem Rollstuhl auf meinen Platz im Klassenzimmer?

Gar nicht so einfach. Aber noch schwieriger war es, wenn Kinder keinen Platz für den Rollstuhl machten oder sogar gemeine Bemerkungen über das Kind im Rollstuhl sagten.

Als das Experiment zu Ende war, waren sich alle Kinder einig: Wir werden in Zukunft Kinder mit einer Behinderung ganz anders behandeln. Denn jetzt können wir viel besser spüren, wie sich ein Kind im Rollstuhl fühlt.

Wer an die Gefühle und Gedanken anderer denkt, hat Mitgefühl. Wissenschaftler nennen das „Empathie". Das Wort kommt aus der englischen Sprache und bedeutet, dass jemand bereit ist, sich in die Gefühle und Gedanken anderer einzufühlen.

Überlegt mal: Woran kann man merken, wie es dem anderen geht?

Alles hat seinen Grund

Wissen

Warum ist Celina so schlecht gelaunt heute? Vielleicht, weil sie Ärger mit ihren Eltern hatte. Wieso drängelt sich Lisa ständig in den Mittelpunkt? Sie wünscht sich mehr Freunde. Fest steht: Wer sich in das Leben der anderen hineinversetzen kann, findet leichter Freunde und hat auch längere Freundschaften.

Lustige Namen

Unfug

Denk dir lustige Namen für deine Geschwister, Eltern oder Freunde aus, die ihnen guttun werden und zeigen, dass du sie gut kennst:

- Selim, Fußballstar der ganzen Fans
- Papa Lustig
- Prinzessin Dimitra
- Oma, die beste Geschichtenerzählerin der Welt
- Opa Lachbär
- Mama Immerschön

Bestimmt fallen dir noch mehr Namen ein. Und dann geh einfach zu ihnen und sprich sie mit dem Namen an. Das werden sie mögen. Vielleicht kannst du sogar ein schönes Schild oder ein Bild mit dem Namen herstellen und es an sie verschenken.

Besser verstehen

Action!

Viele Kinder machen gern Rollenspiele. Bei einem Rollenspiel versetzt man sich in das Leben eines anderen Menschen hinein. Kinder spielen Verkäufer, Braut, Prinzessin oder Baggerfahrer. Sie verhalten sich dann wie diese Person.

Gibt es eine Person, in die ihr euch besser hineinfühlen möchtet? Versucht doch einfach mal, diesen Menschen in einem Rollenspiel nachzuspielen. Wen könnt ihr oft nicht verstehen? Euren strengen Mathelehrer? Dann spielt mal Matheunterricht. Einer von euch ist der Lehrer. Der andere hat seine Hausaufgaben nicht gemacht. Die Nächste lässt mitten in der Stunde ihr Handy klingeln. Der Übernächste weint, weil er eine Sechs geschrieben hat.

Zum Schluss redet ihr darüber: Wie hat sich das Kind in der Rolle des Mathelehrers gefühlt? Und wie war es für den Jungen, der geweint hat, weil er eine Sechs geschrieben hat. Dann überlegt einmal: Wen kann ich oft nicht verstehen? Die Klassenlehrerin? Den Nachbarjungen? Vielleicht ist es jemand, der öfter nicht nett zu mir ist? Wie kann ich dieser Person Güte zeigen?

Wenn du jemandem, der dich geärgert hat, eine Freude machst, dann zeigst du, dass du anderen Gutes tun willst, obwohl sie es nicht verdient haben.

ALLE MENSCHEN SOLLEN EURE GÜTE ERFAHREN. PHILIPPER 4,5

Gottes Wort

Was? *Alle* Menschen sollten unsere Güte und Freundlichkeit erfahren? Nicht nur unsere Freunde oder die Leute, die nett zu uns sind? Auch die launische Busfahrerin? Oder der Typ, der sich immer vordrängelt? Das ist nicht leicht. Da brauchen wir die Hilfe von Jesus.

Jeder darf einen Namen aufschreiben von einem Menschen, den er nicht gern freundlich und gut behandeln möchte. Dann tauscht ihr die Zettel und schreibt hinter den Namen:

… soll deine Güte und Freundlichkeit erfahren.

Wenn Jakob zum Beispiel Till nicht leiden kann, weil der immer so nervt, dann liest er:

„Till soll deine Güte und Freundlichkeit erfahren."

Die anderen können ihm einen Tipp geben, was er tun kann, damit Till seine Freundlichkeit erfährt. Einer sagt vielleicht: Du könntest Till mal einladen. Emy hat die Idee: Wähle ihn doch beim Fußball als Ersten in deine Mannschaft.

Jakob kann sich entscheiden, ob er einen der Vorschläge annehmen möchte. So geht es weiter reihum. Zum Schluss kann man die Zettel in die Mitte legen und einen herausziehen. Wenn da zum Beispiel steht: Papas Arbeitskollege soll seine Güte und Freundlichkeit erfahren, kann man zusammen dafür beten, dass Jesus Papa dabei hilft, freundlich zu dem Kollegen zu sein.

Helfen

Bärbel Löffel-Schröder

Vero und das Vaterhaus

Los geht's!

Hallo, ich heiße Vero, bin 14 Jahre alt und lebe auf den Philippinen. Das ist ein Land in Asien. Schon seit ich vier oder fünf war, hatte ich kein Zuhause und musste draußen auf der Straße leben. Mein Vater und meine Mutter waren im Gefängnis. Ich war ganz allein und sollte auch noch auf meinen kleinen Bruder aufpassen. Wir schliefen auf dem Bürgersteig oder auch unter einer Brücke. Oft lag ich dabei nur auf einem Stück Pappe. Für Essen hatte ich nicht so viel Geld. Wir aßen oft nur einmal am Tag und dann gab's nur Nudeln, Reissuppe oder Reisbrei.

Als ich ungefähr sieben war, passierte ein Unfall und ich wurde verletzt. Ich lief zu meiner Mutter ins Gefängnis, um Hilfe zu kriegen. Aber meine Mutter weinte nur, als sie mich sah. Sie konnte mir nicht helfen. Dann fanden mich Missionare – das sind Leute, die in andere Länder ziehen, um Gottes Liebe zu zeigen. Die brachten mich ins Krankenhaus und suchten einen Platz, an dem mein Bruder und ich leben könnten. Sie fanden einen Ort, der „Father's House" heißt – „Vaterhaus".

Zuerst hatte ich ziemliche Angst. Ich kannte niemanden und dachte, sie würden mich schlagen. Ich war nämlich vorher in einem anderen Heim gewesen, in dem ich geschlagen wurde und kein Essen bekam. Aber im „Vaterhaus" lächelten mich alle Fremden an. Sie kümmerten sich um mich, als wären wir eine Familie. Ich fragte mich oft: „Wow, kann das wahr sein?" In diesem Haus habe ich ganz viel Liebe erfahren und fühle mich richtig zu Hause.

Nun bin ich schon sieben Jahre hier. Manchmal gehen wir meine Mutter im Gefängnis besuchen. Wann sie rauskommt, weiß ich nicht. Ich gehe gerne zur Schule und mein Traum ist es, Lehrerin zu werden und nach Afrika zu ziehen. Ich weiß, dass dort auch arme Leute leben. Und ich möchte ihnen helfen und sagen, dass Gott sie wirklich liebt.

Das ist eine wahre Geschichte – und Vero ist kein Einzelfall. Es gibt viele Kinder, die kein Kinderzimmer haben. Sie können nicht zur Schule gehen und manche schlafen sogar am Straßenrand.
Überlegt mal: Was wäre wohl aus Vero geworden, wenn ihr keiner geholfen hätte? Wie hat sich Vero verändert, weil ihr Menschen echte Liebe gezeigt haben – nicht nur mit Worten, sondern ganz praktisch?

Ab durchs Dach!

Spannendes aus der Bibel

Da gab es ein paar Freunde, die ganz fest zusammenhielten. Einer von ihnen war gelähmt. Die anderen litten mit ihm mit und wollten ihm so gern helfen. Da hörten sie von Jesus. „Der kann sogar Gelähmte heilen“, erzählten die Leute. Die Freunde sagten sich: „Da müssen wir hin.“ Sie legten ihren Freund auf eine Matte – Rollstühle gab es ja noch nicht – und liefen los.

Aber – oh nein – als sie ankamen, versperrte eine riesige Menge Menschen den Weg zum Haus, in dem Jesus war. Das Haus war so voll, dass sie keine Chance hatten durchzukommen. Sollten sie einfach aufgeben und wieder nach Hause gehen? Nein. Sie mussten eine Lösung finden. Für ihren Freund.

Bald hatten sie eine Idee: Wir könnten auf das flache Dach steigen und unseren Freund durchs Dach hinunterlassen. Gesagt – getan: Sie kletterten aufs Dach, rissen die Lehmdecke auf und räumten das Holzgeflecht weg. Jetzt gab es genau über der Stelle, an der Jesus war, ein Loch. Und durch dieses Loch ließen sie den Gelähmten auf seiner Matte an ein paar Seilen hinunter.

Jesus fand es gut, dass die Freunde ihm so viel zutrauten.

Und so sagte Jesus zu dem gelähmten Mann: „Mein Kind, deine Schuld ist vergeben!“

Es saßen aber einige Leute dabei, die immer darauf achteten, ob alle Gesetze eingehalten würden. Die dachten bei sich: „Wieso behauptet Jesus,

dass er Schuld vergeben kann?! Das kann doch nur Gott und sonst keiner!" Jesus erkannte ihre Gedanken sofort und sprach sie darauf an: „Was denkt ihr in euren Herzen? Was ist leichter – diesem Gelähmten zu sagen: ‚Deine Schuld ist vergeben' oder: ‚Steh auf, nimm deine Matte und laufe wieder'? Aber ihr sollt sehen, dass ich wirklich die Macht habe, hier auf der Erde Schuld zu verzeihen!" Dann drehte er sich zu dem Gelähmten um und sagte: „Steh auf, nimm deine Matte und geh nach Hause!"

Und tatsächlich – der Mann stand auf, nahm seine Matte und ging weg, während alle anderen zusahen. Da waren sie alle total aufgeregt. Sie lobten Gott und sagten: „So etwas haben wir zum allerersten Mal erlebt!"

Nach Markus 2,2-11

Wer braucht wirklich Hilfe?

Vorsicht, Falle!

Wenn ihr anderen Kindern gern helft, kann es passieren, dass euch manche ausnutzen. Sie bitten euch etwa um Hilfe für etwas, das sie eigentlich selbst schaffen können, aber nur keine Lust haben, es zu tun. Dann ist es besser, ihnen nicht zu helfen.

Kleine Chefs

Manche Kinder spielen auch gern den Chef. Sie wollen andere rumkommandieren. Stellt euch vor, Moritz sagt: „Los, kommt, wir spielen Räuberbande. Ich bin der Räuberchef und ihr seid meine Helfer. Nico, du kannst hier Wache halten, Eric, hol du schon mal die Stöcke, und du, Lennart, sammelst Steine für das Räubergefängnis."

Lennart verzieht das Gesicht: „Kannst du mir helfen, Moritz? Wir brauchen ziemlich viele Steine." Aber Moritz guckt ihn böse an. „Ein Räuberchef hat zu bestimmen und die Räuberhelfer müssen alles tun, was er sagt."

Überlegt mal: Was stimmt hier nicht? Braucht Moritz wirklich Hilfe?

Blindenhunde

Wissen

Ein Blindenhund hilft blinden Menschen oder Menschen mit einer Sehbehinderung, sich zurechtzufinden. Meistens werden Schäferhunde, Golden Retriever oder Labradore zu Blindenhunden ausgebildet. Die Hundeausbildung dauert mindestens ein halbes Jahr. Der Hund lernt, einen blinden Menschen gut zu führen. Der Ausbilder bringt ihm zum Beispiel bei, an der Bordsteinkante stehen zu bleiben oder auf „Hörzeichen“ hin das Richtige zu tun. Wenn gesagt wird: „Such Zebra“, muss der Blindenhund einen Zebrastreifen finden können. „Such Treppe“ heißt: Führe mich zu einer Treppe.

Der Blindenhund muss es schaffen, vor einem Abgrund stehen zu bleiben, sogar dann, wenn er mit einer Wurst gelockt wird. Ein Blindenhund muss richtig viel lernen. Deshalb braucht er viel Lob und das hat er auch verdient. Denn wenn er die Ausbildung geschafft hat, ist er eine richtig tolle Hilfe für den blinden Menschen.

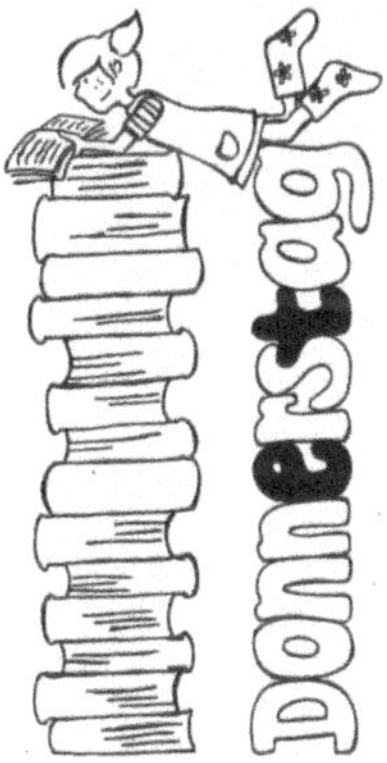

Gut gemeint und voll daneben

Unfug

Manchmal kann Helfen total schiefgehen, auch wenn wir es gut meinen. So wie bei Leon oder Sophie:

- Leons Mutter sagt ihm alle Rechenaufgaben vor, die er als Hausarbeit bekommen hat. Als er in der Schule eine Mathearbeit schreibt, bekommt er eine schlechte Note, denn er hat nicht gelernt, sondern sich auf seine Mutter verlassen. Die Mutter sagt: „Ich wollte ihm doch nur helfen."
- Sophies kleinem Hund geht es schlecht. Die Mutter überlegt: „Ich glaube, wir müssen zum Tierarzt." Sophie verzieht ihr Gesicht: „Ich hab Schnurzi die viele Schokolade doch nur gegeben, weil ich ihm was Gutes tun wollte."

Tja, da ist Helfen wohl so richtig danebengegangen. Oder stellt euch vor, ein kleines Kind wird immer getragen, weil die Eltern es gut mit dem Kind meinen. Lernt es so Laufen?

Kennt ihr noch andere Beispiele?

Gutes tun

Action!

Wo könntet ihr diese Woche einmal helfen? Zu Hause? Oder in der Gemeinde? Oder in der Schule? Egal, ob ihr auf eure jüngeren Geschwister aufpassen wollt, den Tisch decken, aufräumen, jemandem Mut machen oder etwas erklären möchtet, nehmt euch etwas vor und berichtet dann, wie es gelaufen ist.

Ein Beispiel in der Schule: Bestimmt kennt ihr ein Kind, das Hilfe braucht. Vielleicht ist es neu in der Klasse oder kann etwas nicht so gut wie ihr?

Oder gibt es ein Kind in eurer Klasse, das nie oder ganz selten zu einem Kindergeburtstag eingeladen wird? Dann würde es dem Kind sehr helfen, wenn ihr es mal zu euch einladet. Natürlich müsst ihr das erst mit euren Eltern absprechen.

Oder kennt ihr ein Kind mit einem Spitznamen, der nicht schön ist? Dann könnt ihr euch vornehmen, das Kind mit seinem richtigen Namen zu begrüßen. Das würde dem Kind helfen, sich nicht so mies zu fühlen.

Ihr könnt erleben, dass Helfen richtig Spaß machen kann.

Gottes Wort

In der Bibel wird oft darüber gesprochen, dass es Jesus wichtig ist, wenn wir gerade den Menschen Gutes tun, die arm oder traurig sind oder als Ausländer in unserem Land leben. Vielleicht möchtet ihr als Familie oder Gruppe ausprobieren, wie viel Spaß das macht. Ihr könnt zusammen dafür beten, dass ihr die richtige Idee habt, wem ihr helfen könnt.

Kennt ihr zum Beispiel ein Kind, dessen Eltern kein Auto haben? Vielleicht möchtet ihr die Eltern anrufen und fragen, ob ihr das Kind zum nächsten Ausflug mitnehmen dürft.

Wisst ihr von einem Kind, das wenige Spielsachen hat? Es würde sich sicher freuen, wenn ihr es mal zum Spielen einladen würdet.

WERDET NICHT MÜDE, GUTES ZU TUN! 2. THESS. 3,13

Mut

Ines Maynard

Wichtiger als die Angst

Los geht's!

Es war stockdunkel. Kein Fünkchen Licht blitzte durch den Türspalt. Auch die Leuchtziffern am Wecker waren erloschen. Lena tastete nach dem Lichtschalter neben ihrem Bett. Sie spürte die raue Wand, dann den glatten Schrank, ein Taschentuch …

Oh, endlich fand sie den Schalter. Doch egal, wie oft sie ihn drückte, es blieb dunkel. Ihr Herz begann zu rasen. Denn es gab eins, wovor Lena riesige Angst hatte: Dunkelheit. Sie hielt sich die Hand vors Gesicht und bewegte sie hin und her. Aber alles, was sie sah, war schwarz. Und es war gespenstig still. Lena zog sich die Decke über den Kopf und fing an zu weinen.

Plötzlich fing ihr Bett an zu wackeln und sie hörte ein Dröhnen aus der Erde. Sie wusste, was das bedeutete: Erdbeben. Denn sie hatte das schon öfter erlebt. Ihr kleiner Bruder Sammy weinte laut im Zimmer neben ihr. Wo waren nur Mama und Papa? Hatten sie das denn nicht gehört? Sie mussten doch jetzt auf die Straße gehen – raus aus dem Haus, um sicher zu sein!

Wieder wackelte ihr Bett und ihr Bruder weinte. Ihr Herz schlug so laut, dass es in ihren Ohren hämmerte. Was sollte sie tun? Einfach unter der Decke warten? Oder zu ihrem Bruder gehen?

Nach einer gefühlten Ewigkeit schlug Lena die Decke weg. Ihre Füße tasteten nach dem Boden. Sie zitterte vor Angst. Trotzdem schlurfte sie Richtung Tür. Endlich fand sie die Klinke, öffnete die Tür

und tastete sich an der Wand zur nächsten Tür. „Sammy“, rief sie, „Sammy, hab keine Angst, ich komme …“ Sie schaffte es zum Bett ihres Bruders und nahm ihn in den Arm. „Komm, wir gehen jetzt raus. Gemeinsam schaffen wir das.“ In dem Moment sahen sie ein Licht. Papa stand mit einer Taschenlampe in der Tür. Schnell packte er ein paar Decken zusammen und sie flüchteten mit Mama auf die Straße.

„Lena“, fragte Papa dort, „wie hast du es denn zu Sammy geschafft? Es war doch stockdunkel – und das Erdbeben! Du musst doch schreckliche Angst gehabt haben!“ – „Ja“, sagte Lena, „die hatte ich auch. Aber Sammy war wichtiger als die Angst.“

Los geht's!

Wovor habt ihr manchmal Angst?
Was meint ihr: Kann man mutig sein, obwohl man total Angst hat?

Die mutige Königin

Spannendes aus der Bibel

Ester war die frisch gekrönte Königin eines mächtigen Herrschers. Dieser Herrscher war mächtiger als alle Politiker der Welt heute. Er bestimmte sogar über Leben und Tod. Sein Wort galt. Was er unterschrieb, durfte nicht verändert werden. Wer ohne Erlaubnis vor seinen Thron kam, starb – es sei denn, der König streckte sein goldenes Zepter aus als Zeichen der Gnade.

Aus vielen, vielen Frauen hatte er Ester ausgewählt. Plötzlich war sie – ein jüdisches Waisenkind – eine der mächtigsten Frauen der Welt. Doch da war ein Mann, der ihr Volk, die Juden, töten wollte. Er war sehr geschickt und überredete den König, ein Gesetz zu unterschreiben, das Volk umzubringen.

Es gab nur noch eine Hoffnung: Ester musste zum König, um ihr Volk zu retten. Allerdings gab es ein Problem. Sie war nicht eingeladen worden. Und wer ohne Einladung vor den König trat, musste sterben. Mutig sagte Ester, das ganze Volk solle beten und fasten. Und nach drei Tagen würde sie vor den König treten. „Komme ich um, so komme ich um", meinte sie.

Als Ester vor den König trat, streckte er sein goldenes Zepter aus … und Ester konnte ihr Volk retten. Mit Gottes Hilfe.

Warum hat Ester sich mehr auf Gott verlassen als auf den König? Aber habt ihr schon mal Angst vor einem Menschen gehabt?

Super-mutig

Manche meinen, Mut sei nur für die richtig großen Sachen wichtig. Aber das stimmt nicht. Es kann auch schon mutig sein, auf eine neue Schülerin zuzugehen oder etwas Neues auszuprobieren. Wir brauchen Mut für kleine und große Dinge!

Vorsicht, Falle!

Manchmal wird auch gesagt: Mut heißt, dass du keine Angst hast. Aber das stimmt nicht. Mutig ist, wer die Angst überwindet.

Manchmal ist es sogar schlecht, wenn man keine Angst hat. Denn Angst ist die Alarmanlage im Menschen: Wenn etwas gefährlich sein könnte, fängt sie an zu blinken und zu dröhnen. Und das ist gut so! Denn sie beschützt uns. Oft ist es sogar richtig, wegzulaufen oder umzudrehen, wenn wir dieses Gefühl haben. Mut ist die Angst, die nachgedacht hat. Lohnt sich das wirklich? Alles andere wäre nicht mutig, sondern übermütig.

Ein Stoff, der Adrenalin heißt, pumpt durch den Körper, wenn wir Angst bekommen. Wir können klarer sehen und hören. Das kann sich richtig gut anfühlen. Manche Leute suchen gerade diesen Kick und stellen alles Mögliche an, um ihn zu erleben. Solche Menschen meinen, sie sind super-mutig, dabei stellen sie großen Unsinn an und bringen manchmal auch andere in Gefahr.

Der mutige Pilot

Wissen

Es war an einem kalten Tag im Januar 2009. Der Pilot Sullenberger ahnte nichts Schlimmes, als er mit seinem Flugzeug und 155 Passagieren den Flughafen in New York City verließ. Alles schien wie immer. Doch plötzlich – zwei Minuten nach dem Start – sah er einen riesigen Schwarm Vögel. Sie prallten auf das Flugzeug und flogen auch in die beiden Motoren. Schnell merkte Sullenberger: Die Motoren waren kaputt. Das Flugzeug stürzte ab. Es war das übelste Gefühl im Bauch, das man sich vorstellen kann. So, als ob man rasend schnell durch einen Boden fällt.

Was nun? Unter ihnen wohnten Millionen von Menschen in riesigen Häusern. Es gab keinen Platz zum Landen. Sein erster Gedanke: „Das kann doch gar nicht sein! So etwas passiert mir doch nicht!" Doch in Sekundenschnelle fing der Pilot an, seine Gedanken zu kontrollieren. „My airplane", sagte er, das ist der Routine-Spruch, wenn ein Pilot das Flugzeug übernehmen muss. Es blieb wenig Zeit. Innerhalb einer Minute musste er eine Lösung finden. Oder viele Menschen würden sterben. In seinem Körper spürte er große Angst, ihm war übel, doch er kontrollierte seine Gedanken und zwang sich, ruhig zu werden.

Da fiel ihm etwas ein: der Hudson Fluss! Der lag direkt links neben ihnen. Dort könnte er landen. Er erinnerte sich an ein Flugzeug, das auf dem Wasser gelandet war und dabei in Stücke zerrissen worden

war. Mental ging er die Details durch, die damals falsch gelaufen waren und was er anders machen müsste: weniger Tempo, die „Nase“ des Flugzeugs leicht nach oben, sanft und ganz gerade auf dem Bauch landen … Er hatte das Video oft gesehen und sogar anderen beigebracht, wie Piloten in Krisen reagieren sollen. Nun war es keine Probe mehr, sondern Realität.

Sullenberger versuchte, sich nur auf das Landen zu konzentrieren. Nicht einmal Zeit zum Beten hatte er. Ohne Motoren segelte das Flugzeug mehr als dass es flog. Wenige Minuten später setzte das Flugzeug auf dem Wasser auf – alle waren gerettet!

Was würdet ihr tun, wenn ihr plötzlich einen schlimmen Unfall seht? Untersuchungen zeigen, dass die meisten Leute erst einmal nichts tun. Sie sind wie gelähmt. Warum? Weil die Situation so neu ist und die Leute unter Schock stehen. Menschen, die mutig handeln und helfen können, sind oft die, die sich in Gedanken schon vorbereitet haben, die ihre Gefühle kontrollieren können, weil sie schon einmal in einer ähnlichen Situation waren.
Deshalb werden zum Beispiel Piloten besonders auf Notfälle vorbereitet. Sie müssen immer und immer wieder üben, wie sie reagieren sollen, damit sie es im Notfall können.

Die Mutprobe

Unfug

Überlegt euch eine lustige Mutprobe.

Manchmal sind wir nicht mutig, weil wir Angst davor haben, was die Leute denken.

Überlegt euch mal etwas Lustiges, was andere vielleicht erst mal nicht verstehen.

Zum Beispiel könntet ihr euch eine Perücke aufsetzen und zusammen im Supermarkt einkaufen gehen. Wie reagieren die Leute? Ist es wirklich so schlimm und peinlich, wie ihr gedacht habt?

David gegen Goliath

Ihr könnt auch ein Theaterstück vorbereiten: David gegen Goliath.

Richtig mutig

Action!

Nehmt euch für nächste Woche eine mutige Sache vor und bittet Gott um Hilfe.

Überlegt, was ihr in der Situation machen könnt:

- „Wenn mich so-und-so wieder hänselt, dann …“
- „Wenn wieder jemand über meinen Glauben lacht, dann …“
- „Diese Woche will ich jemand Neues kennenlernen, auch wenn ich schüchtern bin.“
- „Diese Woche möchte ich jemandem von Jesus erzählen.“

Sicher fällt euch noch viel mehr ein.

Gottes Wort

Sei mutig und entschlossen! Lass dich nicht einschüchtern, und hab keine Angst! Denn ich der HERR, dein Gott, bin bei dir, wohin du auch gehst.

Josua 1,9

Diese Worte spricht Gott zu Josua. Er sollte Gottes Volk in das verheißene Land führen. Das klingt eigentlich verlockend. Aber das war richtig schwierig. Nachdem Mose, der große Diener Gottes, gestorben war, fühlte sich Josua allein. In dem verheißenen Land lebten viele Feinde, die besiegt werden mussten. Außerdem ließ das Volk der Israeliten sich nicht leicht leiten. Keine leichte Aufgabe! Und auf einmal lastete alle Verantwortung auf seinen Schultern.

Oder doch nicht?

Gott sagt ihm: „Hab keine Angst! Lass dich nicht einschüchtern!“ Warum? „Denn ich … dein Gott, bin bei dir.“

Gott ist auch bei uns, egal, wohin wir gehen. Egal, welchen Aufgaben wir uns stellen.

Überlegt jeder einmal: Wovor habe ich Angst? Wo wünsche ich mir Mut von Jesus? Glaube ich, dass er für mich kämpft? Dass er immer bei mir ist?

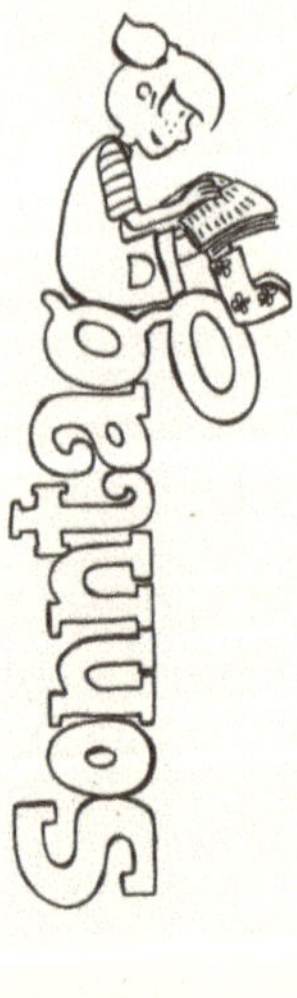

Vielleicht möchtet ihr einen Wunsch auf einen „Mut-Stein" schreiben. Sucht euch einen großen Stein, auf den ihr ein schreibt, wofür ihr Mut braucht. Den könntet ihr euch auf den Schreibtisch oder Nachttisch legen oder an die Tür. Immer, wenn ihr ihn seht, erinnert er euch: „Gott ist bei mir. Er hilft mir und kämpft für mich! Deshalb kann ich mutig sein!"

Reden und Schweigen

Bärbel Löffel-Schröder

Ein freundliches Wort
ist wie Honig.
Sprüche 16,24

Alle für einen

Los geht's!

„Jakob, du Stinker, du nervst nur“, sagte Flori richtig laut. Und weil Flori der Anführer der Klasse war, war es plötzlich mucksmäuschenstill. Alle Kinder waren erschrocken. Aber keiner traute sich, etwas dazu zu sagen. Dann machte Flori weiter: „Jakob, keiner hier will dein Freund sein. Du bist echt das letzte Stück Dreck!“

Mit zusammengepressten Lippen saß Jakob da. Tränen glänzten in seinen Augen. Er würde nicht weinen. Er würde den Schmerz ganz nach unten in sein Herz schicken. Dort tat ihm sowieso noch mehr weh. Es tat weh, dass sein Papa zu viel trank und dann immer so rumschrie. Und auch, dass er oft alte Sachen anziehen musste, die irgendwelche Leute seiner Familie schenkten. Und zu allem jetzt auch noch das, was Florian gesagt hatte. Anscheinend fanden es ja alle richtig. Warum sonst sagten sie kein Wort?

Oder? Was war das? Ja, ein Junge, er hieß Elias, wollte nicht schweigen. Er hatte den Schmerz im Herzen von Jakob gespürt. Und er wollte ihm etwas Gutes sagen. Egal, was alle anderen dachten, Elias ging zu Jakob und grinste ihn an: „Jakob, spielst du gleich mit Fußball? Du kannst doch so gut Tore schießen.“

Keiner hatte mit dem gerechnet, was jetzt passierte, auch Flori nicht. Und Jakob schon gar nicht. Denn plötzlich standen auch andere Kinder auf und stellten sich neben Elias. „Ja, spiel mit“, sagten sie zu

Jakob. Elias lud ihn sogar ein, ihn mal zu Hause zu besuchen.

Die Tränen, die Jakob zurückhalten wollte, flossen nun doch ein wenig. Aber es waren Tränen, die guttaten. Tränen, die ein bisschen von dem Schmerz in seinem Herzen wegspülten.

Und dann breitete sich ein Lächeln in seinem Gesicht aus.

Und Elias, durch dessen Worte all diese guten Dinge passiert waren, lächelte auch.

Worte können wehtun, aber auch guttun. Habt ihr das auch schon erlebt?
Wann tut Schweigen gut – und wann kann es auch wehtun, wenn niemand etwas sagt?

Der blinde Bettler

Ein Bettler saß am Straßenrand. Wahrscheinlich hockte er dort jeden Tag und rief den Leuten, die vorübergingen, zu: „Bitte, gebt mir etwas Geld, damit ich Essen kaufen kann." Und dann bekam er wahrscheinlich nur so viel, dass er am nächsten Tag wieder betteln musste.

Aber blinde Menschen können besser hören als andere und so merkte er eines Tages: Heute sind die Geräusche irgendwie anders. Es gehen mehr Menschen als sonst an mir vorüber. Was ist da los?

Also fragte er laut: „Warum sind so viele Menschen hier?"

Einige riefen ihm zu: „Das ist wegen Jesus. Er ist hier ganz in der Nähe, hier in Jericho!"

Der blinde Mann war ganz aufgeregt. Er hatte wohl schon von den Wundern gehört, die Jesus getan hatte. Deshalb wollte er ihn unbedingt um Hilfe bitten. Und das mit aller Kraft. Er rief nicht einfach nur, nein, er schrie: „Jesus, hab Mitleid mit mir."

Die Leute motzten ihn an: „Halt den Mund! Du blamierst uns nur!" Sie dachten wohl: *So ein armer Bettler, der wird doch nicht so wichtig sein für Jesus.*

Aber der Bettler ließ sich den Mut nicht nehmen. Statt auf die Leute zu hören und still zu sein, schrie er noch lauter als zu Anfang: „Jesus, hab Mitleid mit mir." Und tatsächlich: Dieses Schreien des armen Bettlers war wichtig für Jesus.

Jesus sah ihn an und fragte: „Was soll ich für dich tun?"

Der Blinde dachte nicht lange nach und sagte sofort: „Jesus, ich möchte sehen können."

Und tatsächlich: Das Wunder geschah. Als Jesus zu dem blinden Mann sagte: „Du sollst wieder sehen. Dein Glaube hat dir geholfen", da konnte der Bettler wieder sehen.

Was muss das für ein Gefühl gewesen sein, die Menschen zu sehen, die Häuser, die Bäume!

Und Jesus zu sehen, dem er so dankbar war. Mit dem ging er jetzt auch mit. Er selbst und alle, die dieses Wunder miterlebt hatten, dankten Gott und sagten: Gott, du bist super. Du kannst alles.

Nach Lukas 18,35-43

Der blinde Mann hatte sich nicht davon abhalten lassen, Jesus seinen größten Wunsch zu sagen.
Wir dürfen uns auch nicht von anderen davon abhalten lassen, mit Jesus über alles zu reden. Auch wenn wir sauer oder enttäuscht sind oder Angst haben, brauchen wir nicht aufzugeben, sondern können mit Jesus darüber reden.

Schlechte und gute Geheimnisse

Vorsicht, Falle!

Manchmal sagen Kinder oder Erwachsene, die etwas Schlimmes tun: „Das darfst du aber niemandem sagen. Das ist unser Geheimnis.“ Aber so etwas ist ein schlechtes Geheimnis und schlechte Geheimnisse muss man verraten. Vor allem dann, wenn sie dir eine Strafe androhen und sagen: „Wehe, wenn du was sagst, dann …“ Das ist nämlich richtig blöd und über so etwas solltest du sofort mit jemandem sprechen, zu dem du Vertrauen hast.

Aber es gibt auch gute Geheimnisse. Wenn dir ein Freund etwas anvertraut – zum Beispiel eine große Überraschung, von der noch niemand wissen soll. Da lohnt es sich zu schweigen, auch wenn man fast platzt vor Spannung.

Ein freundliches Wort ist wie Honig: angenehm im Geschmack und gesund für den Körper. Sprüche 16,24

Mobbing

Wissen

Manchmal machen Kinder oder Erwachsene andere mit Worten fertig. Sie ärgern den anderen, beleidigen ihn oder machen ihm Angst, indem sie zum Beispiel sagen: „Ich mach dich fertig“ oder: „Du kriegst Prügel“.

Wenn so etwas passiert, nennt man das „Mobbing“. Wenn man gemobbt wird, muss man unbedingt schnell mit dem Lehrer oder den Eltern darüber reden. Nicht lange warten! Denn sie helfen, einen Plan zu machen, wie das Mobben gestoppt werden kann.

Stille Post

Unfug

Setzt euch in einem Kreis zusammen. Der Erste flüstert dem linken Nachbarn einen langen Satz ins Ohr – aber nur einmal! Der muss den Satz dann weiterflüstern. Erst der Letzte in der Runde sagt den Satz laut.

Und – was ist dabei rausgekommen? So ist es oft bei Gerüchten, wenn eine Sache von einem zum anderen getratscht wird. Bald stimmt fast gar nichts mehr davon. Habt ihr das schon mal erlebt? Wie war das?

Gutes sagen

Action!

Mit Worten können wir anderen Mut machen. Nehmt euch vor, einige der folgenden Sätze zu jemandem zu sagen, der nichts von eurer Aktion weiß. Aber natürlich musst du es in einer Situation sagen, in der du die Worte auch wirklich so meinst:

- „Das hast du toll gemacht!“
- „Ich bin super stolz auf dich!“
- „Mensch, das ist aber eine gute Idee!“
- „Ich mag dein Lächeln.“
- „Du bist aber hübsch!“
- „Weißt du, ich bin echt gern mit dir zusammen.“

Bestimmt fallen euch noch mehr gute Worte ein. Wenn ihr wollt, könnt ihr auch darum beten, dass Jesus euch hilft, gute Worte zu finden und auszusprechen.

Schweigen

Schweigt einmal für fünf Minuten und sitzt einfach nur zusammen.

Wie ist das? Fiel euch das schwer? Warum?

Lest noch einmal Sprüche 16,14.

Gottes Wort

Es tut uns total gut, wenn andere freundlich zu uns sind und uns Mut machen. Wie wäre es mit einer Ermutigungsrunde für die ganze Familie oder Gruppe? Jeder schreibt seinen Namen auf einen Zettel. Die Zettel werden in der Runde ausgeteilt. Jeder schreibt oder malt nun auf, was ihm zu der Person, dessen Namenszettel er bekommen hat, Gutes einfällt. Zum Beispiel dazu, was der andere gut kann oder welche Worte ihm Mut machen. Dann wird jeder Zettel weitergegeben. Der Nächste schreibt oder malt wieder etwas unter den Namen.

Wenn zum Beispiel auf einem Zettel „Mama" steht, dann schreibt Papa vielleicht darunter: „Du bist die Beste." Dann wird der Zettel an Flori weitergegeben. Der schreibt: „Mama, du kannst so gut trösten." Danach bekommt ihn Lotta. Die malt ein Bild von Mama mit einem großen Herz und so weiter …

Mama wird sich zum Schluss sehr freuen, wenn sie viele schöne Worte auf ihrem Zettel liest. Genauso geht es den anderen mit ihrem Namenszettel.

Wenn ihr zum Beispiel vier Personen seid, dann hat zum Schluss jeder von euch auf seinem Blatt drei Bilder oder Worte von den anderen, die ihn erfreuen und Mut geben.

Säen und Ernten

Claudia Weiand

Was der Mensch sät, das
wird er ernten.
Galater 6,7

Omas Ernte

Los geht's!

An Oma Trudes Geburtstag sind alle da: die Kinder und Enkel, die Nachbarn, Freunde und auch der Pfarrer. Beim Kaffeetrinken wird Oma Trudes Kuchen gelobt, die Enkel singen ein Lied und der Pfarrer hält eine kleine Ansprache: „Sie sind ein wunderbarer Teil unserer Gemeinde! Seit vielen Jahren, ja seit Jahrzehnten, arbeiten Sie in unserer Kirche mit. Dafür sind wir Ihnen zu tiefem Dank verpflichtet! Sie haben viele Samenkörner ausgestreut und heute dürfen Sie sich zurücklehnen und die Ernte genießen. Möge der Herr Sie segnen!"

Da steht Oma Trude auf, läuft zum Pfarrer hinüber, legt ihm die Hand auf die Schulter und sagt. „Lieber Herr Pfarrer, ich danke Ihnen für Ihre freundlichen Worte. Aber warum sollte ich, die ich doch inzwischen eine Menge gelernt habe übers Ackern und Säen, jetzt plötzlich damit aufhören? Ich habe mich mein ganzes Leben lang für Jesus eingesetzt. Ich habe viele Früchte sehen dürfen, die ich gar nicht selbst gesät habe. Und nun soll ich mich zurücklehnen? Nein! Solange ich lebe, werde ich säen, damit auch meine Enkel noch ernten können."

Was wird eigentlich in Kirchen gesät?
Rasen? Sonnenblumen?

Apfelmopsen?

Spannendes aus der Bibel

Ich habe euch auf ein Feld geschickt, das ihr nicht bestellt habt, damit ihr dort ernten sollt. Andere haben sich vor euch abgemüht …

Johannes 4,38

Huch! Das klingt ja ein bisschen so, als würde Jesus seine Jünger in Nachbars Garten zum Äpfelmopsen schicken! Jemand anderes hat geschuftet und sie sollen bloß ernten? Es geht natürlich nicht um Äpfel. Es geht um Menschen! Die Jünger dürfen ganz viele Menschen zu Jesus bringen und sie taufen. Was für ein Erntefest! Allerdings waren sie eben nicht diejenigen, die vorab die ganze Arbeit getan haben … Das hat zum Beispiel Johannes der Täufer erledigt. Der Mann hatte gefastet und gepredigt und Menschen zur Umkehr aufgerufen. Ist es nicht toll, wie Gott plant? Dass er verschiedene Aufgaben für verschiedene Menschen hat. Und trotzdem arbeiten alle für das eine Ziel: Gottes Reich groß zu machen!

Was ist euer Arbeitsbereich an Gottes Reich? In welcher Abteilung seid ihr gerade eingeteilt?

Schlechte Saat

Vorsicht, Falle!

In der Bibel steht, dass wir das ernten, was wir säen. Wer unfreundlich ist und Streit sucht, was wird der wohl ernten? Richtig! Streit und Unfreundlichkeit!

Tja, da hilft es dann auch nicht, wenn wir sonntags im Gottesdienst sitzen und erst am Montag wieder rumschnauzen. Säen kann also auch echt anstrengend oder gefährlich sein.

Zum Glück müssen wir das nicht alleine hinkriegen. Wenn Jesus in eurem Herzen wohnt, dann unterscheidet ihr euch von anderen Menschen! Dann kann er euch helfen, freundlicher, geduldiger zu werden. Er wird euch darin unterstützen, dass ihr nicht mehr neidisch und zornig auf andere seid. Er möchte euch helfen, damit ihr nicht mehr lügen oder lästern müsst. Dass ihr stattdessen Nettes sagt, sogar über Leute, die euch echt auf den Keks gehen. Dass ihr denen helft, die schwach sind oder in den Augen eurer Freunde uncool. Kurz und gut: Er möchte euer Leben umkrempeln.

Wenn Gott in eurem Leben alles das tun darf, dann redet nicht nur euer Mund von Jesus! Dann singt euer ganzes Leben von ihm! Und dann können nicht nur eure Worte ein kleines Jesus-Samenkorn in einen Menschen legen. So sät zwar eigentlich Gott, aber er benutzt dabei eure Hände, Augen und Füße, um die Samen zu verstreuen … Und dann könnte eure Ernte so richtig klasse werden!

Zu viel und zu wenig

Wissen

Die meisten Bauern in Europa haben große Felder, die sie mit schweren Maschinen bewirtschaften. Riesige Traktoren leisten heute in nur wenigen Stunden das, wofür man früher tagelang mit mehreren Leuten geschuftet hat. Dünge- und Pflanzenschutzmittel sorgen für reichere Ernten als jemals zuvor. Darüber hinaus schaffen wir Unmengen an Lebensmitteln aus aller Welt nach Europa. Wir können Früchte und Gemüse essen, die bei uns niemals wachsen können. Wir sind so satt wie noch nie! Zumindest in Europa.

Dabei essen wir längst nicht alles auf! Etwa die Hälfte der Lebensmittel in Deutschland wird weggeworfen! Und oft bevor es überhaupt auf den Teller kommt. Da werden Früchte und Gemüse aussortiert und weggeschmissen, weil sie zu klein oder zu groß sind. Da landet Brot auf dem Müll, weil der Bäcker uns so eine schöne Auswahl bieten möchte, aber nicht alles verkaufen kann. Unglaubliche Mengen Lebensmittel werden weggeworfen! Aber auf anderen Teilen der Erde sterben Menschen, weil sie nicht genug zu essen bekommen. Verrückt!

Wann habt ihr zuletzt Essen weggeworfen? Und warum? Kann man daran etwas ändern? Was würde Jesus wohl dazu sagen?

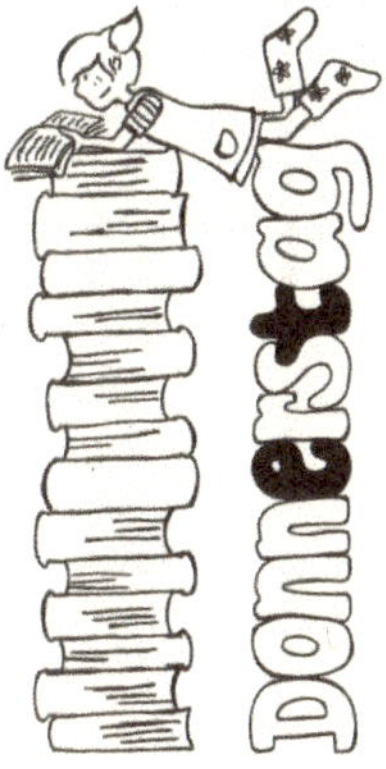

Was brauchen Pflanzen, um zu wachsen?

Unfug

Nehmt euch drei leere Joghurtbecher. Bedeckt den Boden mit Watte und streut Kressesamen darüber. Kresse keimt und wächst ziemlich schnell und ist in jedem Gartencenter und oft auch in großen Supermärkten zu haben. Nun sucht ihr einen Fensterplatz. Drei Tage lang versorgt ihr alle Becher mit Wasser. Ab dem vierten Tag haltet ihr in einem Becher die Watte trocken. In dem zweiten ist die Watte immer schön feucht. Der dritte Becher soll auch immer feuchte Watte bekommen. Aber den stellt ihr unter einen Topf, sodass kein Licht an ihn kommt.

Was passiert mit den Samen? Und warum?
Was brauchen wir als Christen, damit unser Glaube wächst?

Nehmt euch eine Sache vor, die Jesus in euch verändern soll. Das darf eine ganz heimliche Abmachung sein zwischen Jesus und euch. Sprecht jeder einzeln mit ihm darüber. Vielleicht vor dem Einschlafen … Ihr werdet staunen, was Jesus alles tun kann!

Action!

Wie könntet ihr als Christen etwas Gutes in einem anderen Menschen säen?

Einen Freund mit in den Gottesdienst nehmen. Der alten Nachbarin bei den Einkäufen helfen. Einem Mitschüler helfen, wenn er von anderen geärgert wird. Zum Busfahrer freundlich sein, obwohl er immer so garstig ist …

Nehmt euch ein Projekt vor – allein, als Gruppe oder als Familie! „Nächste Woche wollen wir …!" Und haltet euch auf dem Laufenden, wie euer Projekt SÄEN bei jedem so klappt. Und ob ihr vielleicht schon etwas geerntet habt.

WER WENIG SÄT,
DER WIRD AUCH WENIG ERNTEN;
WER ABER **VIEL** SÄT,
DER WIRD AUCH VIEL ERNTEN.
2. KORINTHER 9,6

Vom Sorgen und Ernten

Gottes Wort

Säen und Ernten. Das klingt irgendwie so nett. Wie Ferien auf dem Bauernhof. Wenn ihr nicht gerade selbst auf einem Hof lebt oder einen riesigen Gemüsegarten habt, dann ist Säen und Ernten tatsächlich irgendwie wie Urlaub. Man steckt ein Samenkorn in ein Töpfchen, gießt und nach einiger Zeit und mit richtiger Pflege wächst da vielleicht eine Sonnenblume oder ein Tomatenpflänzchen heran. Man kann sich dran freuen, es beobachten und im Herbst vielleicht sogar etwas ernten. Die meisten Menschen vergessen, dass Säen und Ernten ein echter Knochenjob ist. Wenn man nicht in den Supermarkt gehen kann, um sich mal eben alles zu kaufen, was man für eine Mahlzeit so benötigt, dann muss man richtig schuften und ackern und lange im Voraus planen. Denn bis man das Getreide ernten und Brot machen kann, vergehen Monate!

Zu der Zeit, als die Bibel aufgeschrieben wurde, gab es noch keinen Supermarkt. Die meisten Menschen mussten für ihr Essen und Trinken hart arbeiten und viel im Voraus planen. Deswegen gibt es so viele Beispiele über das Arbeiten auf dem Feld in der Bibel. Die Leute wussten genau, was gemeint ist! Damals war es tägliche Mühe und Sorge. Und die Leute hatten dadurch ein Problem: Sie haben sich so sehr um diese Alltäglichkeiten gesorgt, dass sie sich mit wenig anderem beschäftigen konnten.

Einmal sprach Jesus übers Sorgen: „Macht euch keine Sorgen um euren Lebensunterhalt, um Essen, Trinken und Kleidung. Leben bedeutet mehr als Essen und Trinken, und der Mensch ist wichtiger als seine Kleidung. Seht euch die Vögel an! Sie säen nichts, sie ernten nichts und sammeln auch keine Vorräte. Euer Vater im Himmel versorgt sie. Meint ihr nicht, dass ihr ihm viel wichtiger seid? Und wenn ihr euch noch so viel sorgt, könnt ihr doch euer Leben um keinen Augenblick verlängern. Weshalb macht ihr euch so viele Sorgen um eure Kleidung? Seht euch an, wie die Lilien auf den Wiesen blühen! Sie können weder spinnen noch weben. Ich sage euch, selbst König Salomo war in seiner ganzen Herrlichkeit nicht so prächtig gekleidet wie eine dieser Blumen" (Matthäus 6,25-29).

In all die Ängste der Menschen sagt Jesus hinein: „Sorgt euch gar nicht so sehr um diesen ganzen Kram. Da kümmert sich Gott drum." Ihre Sorge soll vor allem dem Reich Gottes gelten, also dem, was Gott so vorhat. Der Rest ist dann Gottes Geschäft! Da gehört eine Menge Vertrauen zu! Fest daran zu glauben, dass Gott sich um wirklich wichtige Dinge in meinem Leben kümmert. Dass überall etwas wächst, wo er sät, auch wenn wir es noch nicht sehen.

Macht doch mal eine Abgabe-Liste. Welche Sorgen solltet ihr dringend an Jesus abgeben?

Nicht das Beginnen wird
belohnt, sondern einzig
und allein das Durchhalten.
Katharina von Siena

Durchhalten

Ines Maynard

Das letzte Stück

Los geht's!

Der Wind peitschte aufs Wasser. Wellen schwappten gegen das Boot. Mit aller Kraft kämpften die vier Ruderer gegen die Strömung an. Und dann fing es auch noch an zu regnen! Dicke Tropfen prasselten den Jungs ins Gesicht. Sie waren schon einige Rennen zusammen gefahren. Aber dieses Mal war der Wettkampf härter als sonst. Trotzdem waren sie – Tim, Markus, Tobias und Sammy – an die Spitze gelangt.

„Ich kann nicht mehr!", seufzte Tim. „Und ich will auch gar nicht mehr! Mir tut alles weh! Und dieser blöde Regen!"

Zwölf Boote jagten hinter ihnen her und zwei kamen schon sehr nahe. „Du kannst uns doch jetzt nicht hängenlassen, Tim!", schrie Markus. „Komm, noch das letzte Stück! Schau auf das Ziel!"

Tim versuchte, sich zusammenzureißen. Sekunde für Sekunde zog er die Ruder durchs Wasser – immer im gleichen Takt wie seine Freunde. „Eins, zwei, drei, vier", zählte er innerlich. „Eins, zwei, drei, vier …" Nein, er konnte seine Freunde jetzt nicht im Stich lassen! Seine Arme und Beine schmerzten mit jedem Zug, aber er kämpfte gegen den Schmerz an.

Endlich sah er das Ziel. „Eins, zwei, drei, vier. Wei-ter-ma-chen. Eins, zwei, drei, vier."

Wenige Sekunden später schoss das Boot über die Ziellinie. Die vier Freunde rissen die Arme samt Ruder in die Höhe und schrien: „Gewonnen!"

Sie hatten es geschafft.

Los geht's!

Als sie die Medaillen um den Hals gelegt bekamen, schaute Tim seinen Freund Markus an. „Danke!", flüsterte er lächelnd. „Ich hätte fast aufgegeben! Das letzte Stück war so schwer!"

„Ja, das letzte Stück ist oft das schwierigste", sagte Markus. „Aber wir haben es geschafft! Wir haben durchgehalten – und gewonnen!"

„Das letzte Stück ist oft das schwierigste …" – habt ihr das auch schon mal erlebt?
Wieso hilft es, das Ziel im Auge zu behalten, wenn man aufgeben will?

Stein um Stein

Kaum ein Stein lag noch auf dem anderen. Die Feinde hatte die Mauer um Jerusalem zerstört und ausgebrannt. Früher war die Mauer so hoch und dick, dass jeder darin Schutz fand. Doch nun waren nur noch Schutthaufen zu sehen. Vereinzelt lagen Steine wild verstreut am Boden. Jeder Esel konnte leicht darübersteigen. Niemand war mehr sicher in der Stadt. Feinde hatten freie Fahrt.

Als Nehemia das hörte, musste er weinen. Er war vom Volk Israel, lebte aber weit weg in Persien und diente dort dem König. Doch Jerusalem ging ihm nicht mehr aus dem Kopf. Bald bat er den König: „Bitte lass mich in meine Heimat reisen, damit ich die Mauer wieder aufbauen kann.“ Der König erlaubte es ihm und gab ihm alles mit, was er brauchte.

Nehemiah freute sich riesig, sammelte viele Helfer und organisierte den Bauch. Sie kamen gut voran mit der Arbeit. Stein um Stein wuchs die Mauer wieder in die Höhe. Doch es war ein großes Projekt. Anfangs schien es endlos! Ja, fast unmöglich! Bald fingen die Feinde an zu lästern: „Oh, das schaffen die doch nie! Wie wollen sie aus Schutt eine Mauer bauen?! Lass sie mal machen. Selbst wenn ein Fuchs draufspringt, stürzt sie wieder ein.“

Einige der Arbeiten ließen sich entmutigen. „Das schaffen wir nie!“ Doch nicht Nehemia. „Gebt nicht auf!“, sagte er. „Gott ist auf unserer Seite. Kommt, wir schaffen das!“

Stück um Stück entstand die neue Mauer. Bald war die Hälfte geschafft. Als Feinde Jerusalems das sahen, waren sie wütend und machten Stunk. Sie drohten Nehemia, bald anzugreifen und alles wieder zu zerstören. Doch Nehemia ließ sich nicht einschüchtern. „Gott ist mit uns!", rief er den Arbeitern zu. „Habt keine Angst!"

Zu guter Letzt wollten ihn sogar Leute aus seinem eigenen Volk einschüchtern: „Gib auf", sagten sie. „Versteck dich! Sonst bist du bald tot!"

Doch Nehemiah merkte, dass sie ihm bloß Angst einjagen wollten. „Jetzt erst recht!", antwortete er. „Sollte ein Mann wie ich fliehen?"

Und eines Tages war es soweit: Die Mauer stand. Stein um Stein hatten sie es geschafft – nach nur 52 Tagen! Zur Einweihung feierten die Israeliten eine Riesenparty. Sie tanzten auf der Mauer und dankten Gott – so laut, dass es von Weitem zu hören war.

Nach Nehemiah 1–6; 12,27-43

Hat euch schon mal jemand entmutigt: „Das schaffst du nie!"? Wie habt ihr darauf reagiert?
Manche Ziele scheinen so weit weg! Wenn man den langen Weg sieht, ist man schnell entmutigt. Aber auch Nehemia konnte die Mauer nicht über Nacht bauen, nur Stein um Stein. Und er wusste: Es lohnt sich durchzuhalten, wenn es um Gottes Sache geht. Er war an seiner Seite.

Alles – und zwar gleich!

Vorsicht, Falle!

Manche Menschen denken: „Wenn etwas nicht sofort funktioniert, hat es keinen Sinn! Oder wenn sie etwas nicht sofort können, dann haben sie kein Talent und werden es nie lernen." Aber das stimmt meistens nicht.

Wann hast du das letzte Mal etwas Neues ausprobiert? Eine neue Sprache zu lernen? Ein neues Instrument zu spielen, eine Sportart oder ein Spiel zu lernen? Sicher hat das nicht auf Anhieb perfekt geklappt, oder?

Alles braucht seine Zeit – es gibt nur sehr wenige Menschen, die etwas auf Anhieb können, etwa eine Matheaufgabe sofort lösen oder ein Bild perfekt zeichnen.

Und selbst die Talentierten werden dem alten Sprichwort zustimmen: „Es ist noch kein Meister vom Himmel gefallen." Selbst Profi-Musiker oder Profi-Sportler müssen sehr viel üben und trainieren, um die Höchstleistungen zu bringen. Sie verzichten auf vieles, um ihr Ziel zu erreichen. Denn sie wissen: Ein großes Ziel kostet immer etwas. Es gibt Hindernisse und Entmutigungen. Erfolg fällt niemandem einfach so in den Schoß. Ein wirklich wertvolles Ziel kostet auch etwas. Unter anderem viel Geduld und Übung.

Alles allein!

Vorsicht, Falle!

Ein weiterer Trugschluss ist: „Das schaffe ich allein!“ Klar, manches gelingt einem ohne Hilfe. Aber wenn man ein großes Ziel hat, braucht man andere, die einen ermutigen, guten Rat geben, etwas beibringen und unterstützen. Gemeinsam durchhalten ist einfacher!

Was macht erfolgreich?

Wissen

Wissenschaftler haben sich gefragt: Was macht einen Menschen erfolgreich im Leben? Talent? Ein hoher IQ? Viel Unterstützung und Geld?

Natürlich sind Talente und viel Unterstützung wichtig. Aber das Wichtigste ist, ob ein Mensch durchhalten kann. Disziplin nennen das manche: nicht schnell aufgeben, sich von Hindernissen nicht entmutigen lassen und einfach Tag für Tag sein Bestes geben, um dem Ziel ein Stückchen näher zu kommen.

Thomas Edison, Erfinder der Glühbirne, drückte das so aus: „Erfolg hat nur, wer etwas tut, während er auf den Erfolg wartet.“

Durchhalten!

Unfug

Alle stellen sich an die Wand und gehen dann in die Hocke, so als würdet ihr euch auf einen Stuhl setzen, der gar nicht da ist. Wettkampf: Wer hält am längsten durch?

Was war schwer beim Durchhalten?
Was hat beim Durchhalten geholfen?

Das schaffst du!

Action!

Was hast du in letzter Zeit hingeschmissen, obwohl es dir eigentlich wichtig war? Doch es war einfach zu anstrengend und hat nicht sofort funktioniert? Such dir ein oder zwei Sachen aus. Dann mach einen Plan: Warum lohnt es sich durchzuhalten? Wer könnte dir helfen? Was lenkt dich ab oder entmutigt dich?

Gottes Wort

Auch der Glaube an Gott ist wie ein Wettkampf – ein Kämpfen mit Zweifeln und Hindernissen. Manchmal fällt es schwer, an Gott festzuhalten und für ihn zu leben.

Viele Leute beginnen begeistert ein Leben mit Gott, aber mit der Zeit verlieren sie Jesus aus den Augen. Sie lassen sich ablenken und entmutigen. Sie halten nicht durch. Doch es kommt nicht auf den Anfang an, sondern das Ende. Deshalb ermutigt uns der Autor des Hebräerbriefes: „Mit zäher Ausdauer wollen wir auch noch das letzte Stück bis zum Ziel durchhalten.“ Warum? Weil es sich lohnt! Kein Mensch kann sich vorstellen, wie viel Schönes Gott für alle bereithält, die ihn lieben.

Mit zäher Ausdauer wollen wir auch noch das letzte Stück bis zum Ziel durchhalten.

Hebräer 12,1b

Fleiß

Ines Maynard

Der kleine chinesische Junge

Los geht's!

„Du wirst es nie zu etwas bringen!“, sagte die Klavierlehrerin zu ihrem 9-jährigen Schüler. „Du hast einfach kein Talent!“

Weinend lief der Junge nach Hause. Sein Vater und er waren in die Slums von Peking gezogen, einer sehr, sehr armen Gegend in China. Sie mieteten ein kleines Zimmer, in dem kaum Platz war. Nur ein Klavier und ein Waschbecken waren darin. Seine Mutter war auf dem Land geblieben und arbeitete sehr hart, damit sie die Miete und den Klavierunterricht bezahlen konnte. Denn sie wollte ihrem Sohn eine bessere Zukunft schenken. Sie glaubte an das Talent ihres Sohnes, der schon mit drei Jahren Klavier spielte. Und der Junge übte auch sehr viel, oft bis fünf Uhr morgens. Öfter klopften die Nachbarn an die dünnen Wände, weil sie nicht schlafen konnten.

Als der Junge nach Hause kam und seinem Vater erzählte, was die Lehrerin gesagt hatte, brauste der auf vor Wut. „Dann bring dich um! Jetzt ist alle Hoffnung verloren.“ Der Junge war völlig durcheinander und verzweifelt. Was sollte er bloß tun? Er liebte es, Klavier zu spielen, aber der Druck machte ihn fast kaputt. Er übte weiter und bekam bald einen neuen Lehrer, der an ihn glaubte.

Heute ist Lang Lang – so heißt er – der bekannteste Klavierspieler der Welt. Mit 17 Jahren kam der große Durchbruch. Seitdem macht er vielen Freude mit seinem Talent. Er spielt vor berühmten

Präsidenten und in großen Konzerthallen. Aber er hilft auch anderen Kindern in Not. Er macht ihnen Mut, fleißig ihre Talente auszubauen, aber sich nicht vom Druck kaputt machen zu lassen. Ja, es war wichtig, fleißig zu sein. Nie hätte er sonst so viel Erfolg gehabt. Nur wer viel übt, kann wirklich ein Meister werden. Aber die Freude am Spiel, die man ihm heute beim Spielen ansieht, ist mindestens genauso wichtig.

Hat euch schon mal jemand gesagt: „Du hast kein Talent"? Habt ihr trotzdem weitergeübt?

Die fleißige Schneiderin

Spannendes aus der Bibel

Kleider, Röcke, Jacken – die fleißige Schneiderin hatte Tag und teilweise auch nachts genäht. Besonders für Menschen, die arm waren und nichts zum Anziehen hatten, nähte sie sehr viel. Immer wieder huschte ihr ein Lächeln übers Gesicht, wenn sie jemandem eine Freude machen konnte. Sie glaubte an Jesus und wollte auf diese Weise seine Liebe anderen nahebringen - zum Greifen nah! Wie schön war es doch, wenn andere ihre Sachen trugen und nun nicht mehr frieren mussten!

Doch eines Tages wurde die fleißige Schneiderin krank und starb plötzlich. Da trauerte die ganze Gemeinde. Verzweifelt knieten viele vor ihr und weinten. Da holte jemand Petrus. Er ging zu der Toten und betete zu Gott. Dann sagte er zu ihr: „Tabita, steh auf!" Sofort war sie wach! Sie schaute ihn an und stand auf. Alle jubelten. Wie wunderbar war Gott!

Und Tabita? Nun, sie nähte weiter und machte mit ihrem Talent vielen eine Freude.

Nach Apostelgeschichte 9,39

Gott schenkt allen Menschen Talente, damit sie Freude an der Arbeit haben, weil etwas gut gelingt. Aber vor allem gibt er uns Talente, damit wir anderen eine Freude machen.
Gibt es eine Arbeit, die dir richtig Spaß macht? Oder mit der du anderen eine große Freude machst?

Fleißig – aber warum?

Vorsicht, Falle!

Fleißig sein ist eine gute Sache, weil man viel erreichen und anderen eine Freude machen kann. Aber es gibt auch manche Gedanken, die einen in die Irre führen.

- „Wenn ich fleißig bin, haben mich andere oder Gott mehr lieb." Natürlich macht ihr euren Eltern und auch Gott eine Freude, wenn ihr fleißig seid. Aber Liebe kann man nicht verdienen. Echte Liebe freut sich einfach an euch. Gottes Liebe für uns Menschen ist riesengroß – und egal, was wir tun, sie wird nie kleiner oder größer.
- „Ich bin nur so wertvoll wie das, was ich was leiste oder was ich kann." Manchmal sind Kinder beliebter, die mehr wissen oder können. Das ist einfach so. Aber dein Wert bleibt gleich, er ist unantastbar. Denn er steht fest in Gott. Du bist sein Meisterwerk, das niemandem seinen Wert beweisen muss.

Kleine Tiere, große Leistung!

Wissen

Wer bewegt viel in dieser Welt? Die Großen und Starken? Nicht unbedingt. In der Tierwelt gibt es kleine Wesen, ohne die wir niemals leben könnten. Hier ein paar Beispiele:

- **Bienen.** Sie sind unglaublich fleißig! Wenn eine Biene Nektar für ein Glas Honig sammelt, fliegt sie eine so lange Strecke von Blüte zu Blüte wie dreimal um die Welt. Überlegt euch das mal beim nächsten Frühstück! Aber dabei produziert sie nicht nur Honig, nein, sie sorgt dafür, dass Blüten befruchtet werden. Nur so können Früchte wachsen und Pflanzen fortbestehen. Manche Wissenschaftler sagen: Wenn die Bienen sterben, dann sterben vier Jahre später auch die Menschen, weil die Welt ohne die Bienen nicht überleben kann.
- **Würmer.** Habt ihr schon mal Regenwürmer gesehen? Vielleicht findet ihr die eklig, aber sie sind total wichtig! Sie helfen dabei, dass Sachen verwesen. Sie lockern den Boden und machen ihn fruchtbar. Wenn Würmer nicht so fleißig wären, würde kaum noch etwas wachsen.
- **Bakterien.** Das sind so kleine Tierchen, dass man sie mit dem bloßen Auge nicht sehen kann. Man braucht dafür ein Mikroskop. Diese Bakterien sind überall. Auch in dir drin! Keine Panik, das ist schon in Ordnung. Viele Bakterien sind gut für dich, sie sorgen zum Beispiel für Verdauung.

Hat Gott das nicht genial eingerichtet?

Was wäre, wenn …?

Unfug

Macht ihr auch manchmal etwas Kleines, was eine große Wirkung hat?

Überlegt euch mal, was passieren würde, wenn ihr damit plötzlich aufhört?

Was wäre, wenn alle aufhören …

- den Müll rauszutragen.
- Teller abzuwaschen.
- Wäsche zu waschen.
- zu duschen.
- Hausaufgaben zu machen.
- Staub zu saugen.

Sicher fällt euch noch anderes ein, wo Kleines eine große Wirkung haben kann!

Arbeit, die Spaß macht

Action!

Etwas bauen, backen, nähen, kochen, pflanzen, jemandem helfen, vielleicht in einem Obdachlosenheim.

Dann sprecht miteinander: Wie war das? Habt ihr euch danach gut gefühlt?

Feiert euren Erfolg und zeigt, was ihr geschafft habt.

Beobachte die Ameisen … Kein Vorgesetzter treibt sie an; trotzdem arbeiten sie den ganzen Sommer über fleißig, und im Herbst haben sie einen Vorrat für den Winter angelegt.

Sprüche 6,8

Maria und Martha

Gottes Wort

Oh, Martha und Maria freuten sich riesig, als Jesus und seine Freunde zu Besuch kamen. Schnell machte sich Martha daran, ein Festessen zu kochen. Maria dagegen setzte sich gleich vor Jesu auf den Fußboden. Sie wollte ganz nah bei ihm sein und nichts verpassen, was er sagte. Deshalb lauschte sie ihm und vergaß fast, was um sie herum geschah.

Martha aber schrubbte, schälte und schnitt. Maria nicht.

Martha maß, mischte und backte. Maria nicht.

Martha deckte den Tisch und schenkte Getränke ein. Maria nicht.

„Das ist unfair!", maulte Martha. „Ich mache hier die ganze Arbeit, aber Maria rührt keinen Finger!" Dann wandt sie sich an Jesus und bat: „Kannst du mir helfen? Bitte sag ihr doch, dass sie mir helfen soll?"

„Liebe Martha", sagte Jesus sanft, „versteh doch: Maria möchte mit mir zusammen sein. Du rackerst und ackerst und mühst dich ab, und merkst dabei gar nicht, wie lieb ich dich habe." Maria hat sich heute das ausgesucht, was wirklich wichtig war.

Überlegt alle einmal: Bin ich eher wie Martha oder Maria? Und warum?
Lasse ich mich oft von irgendwas ablenken, wenn Jesus mit mir zusammen sein möchte?

Verlässlichkeit

Claudia Weiand

Die Verabredung

Los geht's!

Eine Ewigkeit saß er schon da. Zumindest kam ihm das so vor. Bestimmt schon eine Dreiviertelstunde. Oder länger? Zu dumm, dass er keine Uhr trug. Klar, er war auch ein wenig zu früh angekommen. Das hatte sich einfach so ergeben. Irgendwie war er auch schneller gelaufen als sonst. Wegen der Aufregung. Und drum war er eben ziemlich früh da gewesen.

Erst war er noch so aufgekratzt, dass er ganz zappelig an der Straßenlaterne hin und her lief. Vier Schritte vor der Laterne, vier dahinter. Den Blick immer auf die Straße gerichtet. Nach einer Weile war er nicht mehr so kribbelig gewesen. Er schlenderte jetzt in einem größeren Bogen um die Laterne herum und zählte dabei die Pflastersteine. Und irgendwann hatte er sich an die Laterne gelehnt. Wartend. Augen auf die Straße gerichtet.

Tja, und inzwischen saß er auf dem Boden, mit dem Rücken an die Laterne gelehnt. Vorbeikommende Passanten sahen ihn kurz an und eilten dann an ihm vorbei. Er schaute auch nicht mehr nach vorne. Sondern nur noch auf den Boden. Dort sprossen zwischen den Pflastersteinen kleine Pflänzchen hervor. Kleine Sandkörnchen lagen in den Ritzen. Gelbe und weiße und wenige schwarze.

Langsam sank sein Mut. Er würde hier warten bis zum nächsten Morgen, aber seine Verabredung würde nicht auftauchen. So sah's doch aus! Dabei hatte er sich so gefreut! Den ganzen Tag war er schon wie auf Wolken gegangen. Glücksgefühle im Bauch. Aber davon war jetzt nichts mehr übrig. Er war maßlos enttäuscht! Und sauer. Mann, war er sauer!

„Ach hier steckst du!", rief die Stimme hinter ihm. „Ich warte schon eine Ewigkeit an der Maximilianstraße. Und du bist einfach nicht gekommen!"

Maximilianstraße? Ach? Er dachte … Dann rappelte er sich auf und das Glücksgefühl kehrte langsam zurück.

Seid ihr schon mal im Stich gelassen worden? Hat sich jemand an eine Vereinbarung, ein Versprechen oder eine Verabredung nicht gehalten? Wie fühlt sich das an?

Mit Stock zum Pharao

Mose hatte schon eine Menge erlebt, bevor er zu diesem seltsamen Dornbusch kam. Er wurde in einer gefährlichen Zeit geboren. Seine Mutter versteckte ihn vor dem sicheren Tod, er wuchs in einem Palast auf, musste fliehen, weil er einen Mann erschlagen hatte, und wurde zum Schafhirten. Fand in der Wüste ein neues Zuhause und gründete eine Familie, fernab von seiner Heimat. Und dann findet er diesen Busch und Gott spricht mit ihm!

Und dieser Gott hat mit ihm einen Plan. Er soll zurück nach Ägypten, wo er geboren wurde und von wo er weggelaufen ist, und er soll wieder in den Palast gehen. Aber diesmal nicht als Findelkind, sondern als Botschafter Gottes. Er soll im Auftrag Gottes den Herrscher des Landes, den Pharao, bitten, sein Volk freizugeben. Das ist echt der Hammer! Denn dieses Volk, die Israeliten, waren Sklaven! Sie lebten nicht einfach in Ägypten, sie gehörten dem Pharao. So wie einem heute ein Auto oder ein Haus gehört! Man stelle sich vor, ihr geht zum Bundespräsidenten und sagt: „Überlass dein Haus und Auto mir!" Der würde ganz schön gucken!

Mose soll da also hin und den Pharao überzeugen, das komplette Volk gehen zu lassen. Tausende kostenlose Arbeiter! Ich schätze, ihm war klar, was der Pharao von so einer Bitte halten würde. Und Mose nennt viele gute Gründe, weshalb das keine so gute Idee ist … aber Gott bleibt dabei. Mose soll gehen! Tja, und dann bekommt er noch etwas in

die Hand: einen dicken Stock. „Mit ihm wirst du die Wunder tun, die dich ausweisen.“ Na prima! Geht mal zum Bundespräsidenten mit 'nem Knüppel in der Hand … Das ist doch kein Ausweis!

Aber Mose geht! Und er nimmt diesen Stock mit. Und als dann der Tag kommt, an dem sein Stab erstmals ganz groß zum Einsatz kommen soll, was glaubt ihr, wie Mose sich gefühlt hat? Er fordert vom Pharao, das Volk der Israeliten ziehen zu lassen. Und weil dieser sich weigert, kündigt Mose vollmundig eine Strafe Gottes an: Das Wasser des Nils soll ungenießbar werden. Stinkend und giftig! Und dann hebt Mose den Stab und schlägt aufs Wasser. Ob Gott zu seinem Versprechen steht? Ob man sich auf ihn verlassen kann? Was, wenn nichts passiert? Wenn nur ein wenig Flusswasser aufspritzt?

Auf Gott ist Verlass! Jedes Mal, wenn Mose mit seinem Bruder Aaron etwas durch Gott ankündigt, hält sich Gott an seine Zusage. Mit diesem Stab werden Unwetter geschaffen, wird das Meer geteilt, es fließt Wasser aus Felsen … Mose hat sich ganz und gar auf Gott verlassen müssen. Denn der Stab selbst hat keine Kraft!

Nach 2. Mose 4,1-17

Habt ihr demnächst eine große Aufgabe zu bewältigen? Steht etwas an, das euch Sorgen macht? Gott ist bei euch! Auf ihn ist Verlass! Bei den großen Aufträgen, die Gott uns gibt. Aber auch in den kleinen Alltagsdingen die jeden Tag auf uns warten.

Vergackeiert

Vorsicht, Falle!

Hat euch jemand mal etwas versprochen und sich dann doch nicht daran gehalten? Wisst ihr noch, wie sich das angefühlt hat?

Egal, ob man Kind ist oder ein Erwachsener, die Gefühle sind die gleichen. Je enger die Beziehung ist, desto blöder fühlt man sich. Wenn dich dein bester Freund oder deine Mama im Stich lässt und sich nicht an Vereinbarungen hält, dann ist das schon richtig übel. In der Regel ist man ziemlich sauer und enttäuscht. Manchmal fühlt man sich auch vergackeiert: „Da nimmt mich jemand nicht ernst!"

Natürlich kann es mal passieren, dass eine Verabredung aus guten Gründen nicht eingehalten werden kann. Ein Freund kann nicht mit zum Schwimmbad, weil er krank geworden ist. Klar seid ihr da auch sauer und enttäuscht. Aber nicht auf die Person! Denn da konnte ja niemand etwas dafür! Niemand hat euch vergessen oder verschaukelt, es hat leider einfach nicht geklappt!

Unzuverlässigkeit macht einsam. Wenn sich eure Freunde, eure Familie nicht auf euch verlassen können, dann geht etwas ganz Wichtiges verloren: Vertrauen. Wie furchtbar, wenn man euch Zusagen nicht mehr abnimmt! Gebt deshalb nicht leichtfertig Versprechen, von denen ihr nicht wisst, ob ihr sie halten könnt! Dinge zu versprechen, die man gar nicht einhalten will oder kann, sind nichts anderes als eine Lüge. Hey, und niemand will angelogen werden, oder?

Die Seilschaft

Wissen

Wisst ihr, was eine Seilschaft ist? Das ist eine Gruppe von 2–4 Leuten, die zusammen wandern oder bergsteigen. Um schlimme Unfälle zu vermeiden, sind sie mit einem Seil aneinander festgemacht. Wenn nun einer abrutscht und droht den Berg hinabzustürzen, stemmen sich alle anderen Teile der Seilschaft dagegen und sichern den einen mit ihrem eigenen Körpergewicht. Dabei besteht die Gefahr, dass eine Person im Fallen alle anderen Mitglieder der Seilschaft mitreißt und schließlich alle zusammen abstürzen. Deshalb suchen Seilschaften, wann immer es geht, nach einem Fixpunkt, einer Möglichkeit, das Seil am Berg festzumachen. Damit im Falle eines Sturzes der Berg die Gruppe hält!

Als Christen sind wir auch in einer Art Seilschaft unterwegs. Wir sind miteinander verbunden und versuchen, einander zu helfen und uns zu stützen, wann immer einer Hilfe braucht. Und natürlich haben wir einen ganz festen Fixpunkt! Sicher und fest. Auf den können wir uns verlassen! Na? Wer ist das wohl? ☺

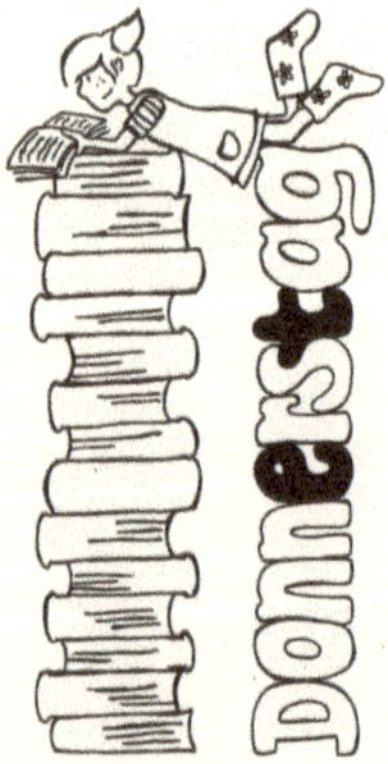

Blindenspaziergang

Unfug

Es gibt einen Führer und einen Blinden. Der Blinde schließt die Augen und lässt sich von seinem Führer leiten. Dann soll euch die Person an der Hand nehmen und mit Worten führen: „Rechts, jetzt ein bisschen nach vorne gehen. Vorsicht, der Tisch." Die Person, die führt, bleibt ganz dicht bei dem Blinden und schützt ihn.

Nach ein paar Minuten wechselt ihr die Rollen.

Wer geführt wird, versucht zu vertrauen, dass er den richtigen Weg „geführt" wird und folgt. Dieses Spiel könnt ihr nur mit Menschen machen, denen ihr vertrauen könnt. Denn bei ihnen wisst ihr, dass sie euch einen guten Weg führen und euch zum Beispiel nicht gegen eine Wand rempeln lassen.

Nachdem alle einmal „blind" waren, könnt ihr darüber sprechen. Wie ging es euch dabei? Was habt ihr gedacht? Konnte man sich auf die führende Person verlassen? Habt ihr blinzeln müssen?

Action!

»Auf mich kannst du dich verlassen!«

Gibt es etwas, in dem ihr euch in puncto Verlässlichkeit ein wenig schwertut? Pünktlichkeit? Sich an Verabredungen halten? Regeln einhalten? Macht doch mal ein kleines Gruppentreffen oder eine Familienkonferenz, bei der jeder sagen darf, wo er sich schwertut. Aber auch, was ihn ärgert. Wo man jemanden als unzuverlässig empfunden hat. Wo sollte sich etwas verändern? Und zum Schluss: Was läuft so richtig gut? Worauf können wir uns echt verlassen!

Regeln, Ärger, Enttäuschungen gehören zum Alltag dazu. Toll, wenn man einen Ort findet, um das aussprechen und aus der Welt schaffen zu können! Dann kann man nämlich auch wieder ein neues Miteinander einüben und lernen, verlässlich zu sein und sich auf die anderen verlassen zu können!

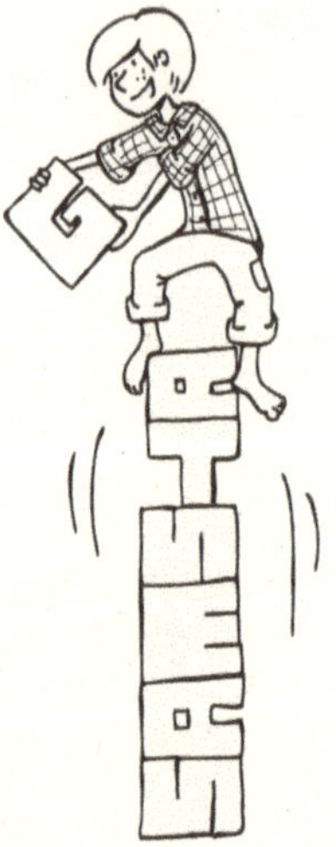

Gottes Wort

Herr, wer sich auf dich **verlässt**, der ist nie **verlassen**.

Psalm 9,11

Wow! Gott ist wirklich jemand, auf den man sich zu 100 Prozent verlassen kann! Wenn er etwas verspricht, dann hält er sein Wort. Er lässt niemanden im Stich.

Fällt euch ein Versprechen ein, das Gott uns in der Bibel gibt? Oder zwei? Oder drei? Diese Versprechen gelten noch heute! Darauf könnt ihr euch verlassen! Zu 100 Prozent!

Geduld

Bärbel Löffel-Schröder

Gib nicht auf!

Los geht's!

Eines Tages ging ein junger Mann durch eine einsame Straße, als er plötzlich ein Geräusch hörte, das sich wie ein Schrei anhörte. Sofort lief er in die Richtung, aus der der Schrei kam, und fand unter einer Brücke einen kleinen Hund, der anscheinend von Menschen gequält worden war. Der kleine Welpe war mit Schlamm bedeckt und seine Vorderbeine waren fest zusammengebunden. Der Mann wollte dem Tier helfen, doch als er näher kam, knurrte der kleine Hund ihn an. Da hockte er sich neben ihn und sprach ganz ruhig auf das Tier ein.

Es dauerte eine Weile, bis er es aus seinen Fesseln befreien konnte. Er nahm den kleinen Hund vorsichtig auf den Arm und gab ihm zu Hause Futter und Wasser. Aber jedes Mal, wenn er in die Nähe des Hundes kam, knurrte der ihn an.

Wochenlang sorgte der Mann weiter geduldig für das Hündchen. Und eines Tages wedelte der Hund dann endlich mit dem Schwanz, als der Mann zu ihm kam. Die Geduld des Mannes hatte sich gelohnt.

Was meint ihr, warum hat der Hund so lange geknurrt?
Habt ihr auch schon mal geduldig sein müssen mit anderen?

Simeon und der Retter

Spannendes aus der Bibel

In Jerusalem lebte ein Mann, der Simeon hieß. Er achtete sehr darauf, nach Gottes Regeln zu leben und sich an die Zehn Gebote zu halten. Aber er spürte, dass es unmöglich ist, alles richtig zu machen. Deshalb sehnte er sich nach Trost und Frieden und verbrachte viel Zeit im Tempel (das war das Gotteshaus von damals, so wie die Kirche heute). Schon lange wartete er darauf, den von Gott versprochenen Retter zu sehen. Er wartete nicht nur irgendwie darauf. Nein, dieses Erwarten war das Wichtigste in seinem Leben. Er brauchte wirklich sehr, sehr viel Geduld, denn er musste lange warten. Aber er wartete geduldig, bis er sehr alt war.

Wie schaffte er es, so lange geduldig zu warten?

Simeon war vom Geist Gottes erfüllt. Der Heilige Geist hatte ihm das sichere Wissen gegeben: „Simeon, du wirst nicht sterben, bevor du den von Gott versprochenen Retter selbst gesehen hast." Und nun kam der besondere Tag. Der Heilige Geist zeigte Simeon, dass er in den Tempel gehen sollte. Es war der Tag, an dem auch Josef und Maria in den Tempel kamen. Einer von ihnen hielt Jesus auf dem Arm. Sie wollten sagen: „Gott, dieses Kind gehört dir." Es stand damals im Gesetz, dass sie das so machen sollten.

Da – endlich! – sah Simeon Jesus. Er nahm ihn auf die Arme und schaute ihn glücklich an. Dann lobte er Gott: „Herr, jetzt kann ich in Frieden sterben, denn du hast dein Versprechen wahr gemacht!

Ich habe es selbst gesehen: Du hast den Retter für alle Menschen geschickt und die ganze Welt wird es erfahren.“ Simeon war bestimmt total glücklich. Er hatte so lange darauf gewartet, den Retter zu sehen. Und an diesem Tag wurde seine Geduld belohnt. Er durfte Jesus sehen.

Nach Lukas 2,25-32

Habt ihr schon einmal lange auf etwas gewartet? Wie war es, als ihr es dann endlich gesehen oder erlebt habt? Gibt es etwas, worauf es sich besonders lohnt zu warten?

Der Geduldsfaden

Vorsicht, Falle!

Geduld mit anderen haben heißt nicht, sich alles gefallen zu lassen. Wenn man zum Beispiel beim Bäcker so geduldig wartet, bis alle anderen, die später gekommen sind, bezahlt haben, steht man am Abend noch im Laden. Oder wenn eine Mutter immer nur geduldig wartet, bis die Kinder ihr Zimmer aufräumen, kann es sein, dass sie es niemals tun.

Manchmal sind wir ganz lange ruhig, obwohl uns etwas nervt oder ärgert – und dann plötzlich explodieren wir. Das ist auch nicht gut! Da ist es besser, wenn wir schon früher ehrlich, aber nett sagen: „Das will ich nicht!"

Übrigens: Wenn Leute so explodieren, sagt man: Ihr Geduldsfaden ist gerissen. Die Geduld hängt zwar nicht wirklich an einem Faden. Aber man sagt das, um zu beschreiben: „So, jetzt reicht es mir. Das lasse ich mir nicht mehr gefallen." Das Sprichwort ist ein ganz altes, als früher noch mit Handspindeln Faden hergestellt wurden. Dabei wurde der Faden beim Abwickeln über die Spule gespannt. Und wenn man zu sehr an diesem Faden zerrte, riss er. Dabei kam es auch auf den Faden an. Dicke Fäden rissen nicht so schnell, aber dünne – wie ein seidener Faden – rissen ganz schnell.

Überlegt jeder einmal: Wie dick ist mein Geduldsfaden? Warte ich lange, bevor ich etwas sage? Oder habe ich kaum Geduld?

Grün und geduldig

Wissen

Habt ihr schon mal etwas von „Faultieren“ gehört? Eigentlich stimmt der Name gar nicht. Faultiere sind nicht faul, sondern sehr geduldig und wachsam. Sie bewegen sich extrem langsam und suchen sorgsam nach den richtigen und besten Blättern zum Essen. Dadurch, dass sie so langsam und geduldig sind, wächst sogar Moos in ihrem Fell, wodurch sie grün werden. Vielleicht würde jemand sagen: Das ist schlecht! Aber auch das stimmt nicht. Die grüne Farbe dient als Tarnung. Kaum ein Feind kann sie auf einem Baum erkennen.

Im Leben ist es oft ähnlich mit Geduld: Sie dient zu unserem Schutz – etwa vor Fehlern und voreiligen Entscheidungen. Wenn wir mit Gott warten, schenkt er uns am Ende das Allerbeste.

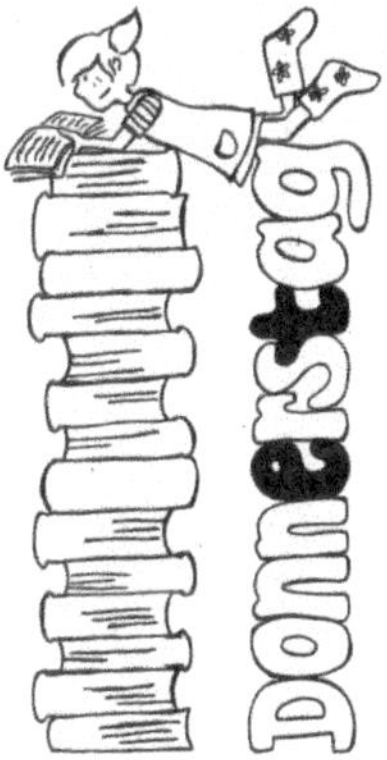

Was stimmt hier nicht?

Unfug

Überlegt mal: Was stimmt an diesen Sätzen nicht:

- „Ich möchte Geduld lernen, deshalb esse ich mein Eis erst in 10 Minuten."
- „Mama, ich glaube, du musst lernen, etwas geduldiger zu sein, und mal drei Wochen warten zu können, bis ich den Müll runterbringe."
- „Ich bin immer sehr, sehr geduldig. Mindestens fünf Sekunden lang."

König Salomo schrieb einmal: „Alles hat seine Zeit" – das heißt, vieles muss zur richtigen Zeit passieren. Was stimmt an diesen Sätzen nicht:

- „Am liebsten fahre ich im Sommer Ski!"
- „Es ist sieben Uhr abends, jetzt werde ich mal frühstücken!"
- „In drei Wochen ist Weihnachten, aber ich werde meine Geschenke jetzt schon mal auspacken."
- „Morgen ist die große Klassenarbeit, aber ich will heute nicht lernen, sondern lieber spielen."

Wie lange dauert »gleich«?

Habt ihr eine Stoppuhr oder eine Uhr mit Sekundenzeiger? Dann stoppt doch mal die Zeit, wie lange bei euch „gleich" dauert. Immer, wenn jemand „Ja, gleich" sagt, holt ihr die Uhr raus. Vielleicht rufst du einen Freund und bittest ihn: „Kannst du mal herkommen?" Oder ihr bittet euren

Papa, dass er mit euch spielt. Wenn jemand antwortet: „Ja, gleich“, dann schaut auf den Sekundenzeiger und wartet geduldig. Wenn er dann endlich kommt, könnt ihr ihm eine Scherzfrage stellen: „Papa, wie lange ist gleich?“ Wenn er die Antwort nicht sofort weiß, sagt ihr: „Also gerade war gleich bei dir acht Minuten und zweiundvierzig Sekunden gewesen. So lange musste ich geduldig warten.“

Aber lasst euch auch mal testen. Was passiert etwa, wenn eure Eltern sagen, es ist Zeit, ins Bett zu gehen? Wie lange dauert euer „Ja, gleich“? Was meint ihr: Muss man geduldig auf euch warten?

Überlegt euch ein Geduldsspiel!

Überlegt alle einmal: Wann bin ich besonders ungeduldig? Vielleicht, wenn das Bad besetzt ist? Oder wenn ihr an der Kasse im Supermarkt steht? Überlegt euch dafür ein Geduldsspiel.

Vanessa zum Beispiel wird immer total ungeduldig, wenn sie beim Trampolinspringen in der Turnstunde in der Reihe stehen und warten muss. Jetzt denkt Vanessa sich ein Geduldsspiel aus und sagt: „Heute drängele ich mich nicht vor und warte, bis ich an der Reihe bin. Ich kann mich ja so lange mit dem Kind, was hinter mir steht, unterhalten, damit mir nicht langweilig wird.“ Das ist wirklich ein richtiges Geduldsspiel für Vanessa. Aber wenn sie es schafft zu warten, wird es viel schöner für sie selbst und für die anderen sein.

Action!

Warte geduldig, selbst wenn es noch eine Weile dauert.

Habakuk 2,3

Gibt es etwas, worauf ihr wartet? Auf einen Besuch, die Ferien, ein Geschenk oder eine Nachricht? Und wo ist es wichtig, dass ihr geduldig seid? Vielleicht beim Üben eines Instrumentes? Oder bei den Mathehausaufgaben?

Macht doch mal einen Plan, wie ihr dabei geduldig sein könnt. Wie kann Geduld aussehen? Vielleicht nicht so schnell aufgeben oder nicht so viel mosern und meckern? Etwas Gutes sagen. Sich eine Belohnung überlegen.

Später könnt ihr darüber reden, was geholfen hat und was nicht.

Gottes Wort

„Die Liebe gibt nie jemanden auf. In jeder Lage vertraut und hofft sie für andere. Sie erträgt alles mit großer Geduld."

Nach 1. Korinther 13,7

Manchmal braucht man richtig viel Geduld mit Menschen:

- Mütter brauchen zum Beispiel total viel Geduld, wenn ihr Kind sehr ängstlich oder launisch ist.
- Ein Lehrer braucht viel Geduld mit dem Schüler, wenn der nicht richtig zuhört.

Kennt ihr jemanden, für den ihr viel Geduld braucht? Vielleicht für deine kleine Schwester, die echt nervt, weil sie dauernd an deine Eisenbahn geht, obwohl du es ihr schon hundertmal erklärt hast?

Geduldig sein braucht viel Liebe. Gott ist die Liebe. Er ist voller Geduld. Wir können ihn bitten, unser Herz mit Liebe und Geduld zu erfüllen. Aber geduldig sein bringt auch was. Denn es kann sein, dass wir das Beste verpassen, weil wir nicht geduldig warten können.

Vieles Wertvolle braucht Zeit, bis es da ist. Wie wäre es, wenn ihr als Familie oder Kindergruppe zur Erinnerung daran heute eine Geduldsblume säet oder pflanzt? Es braucht Geduld und Arbeit, bis die Blume wächst und blüht. Und so ist es mit ganz vielem im Leben.

Dankbarkeit

Ines Maynard

Dankbarkeit ist das
Gedächtnis des Herzens.
Jean-Baptiste Massillon

Der Traum

Los geht's!

Max hatte einen komischen Traum: Ein Engel zeigte ihm den Himmel. Dort gab es sogar eine richtige Poststelle. In dem ersten Raum, den sie betraten, war vielleicht was los! Im Eiltempo wuselten dort jede Menge Engel herum. „Hier ist die Eingangsstelle“, erklärte der Engel, „alle Gebete und Bitten kommen hier an und werden sortiert.“

Danach führte der Engel ihn zur „Auslieferung“ – auch hier trugen Engel unzählige Kisten und Stapel von Päckchen. „Von hier aus werden täglich Geschenke auf die Erde geschickt“, erklärte der Engel. Max nickte und lächelte.

Auf dem Weg zum Ausgang kamen sie an einem dritten Raum vorbei. Darin saß nur ein einzelner Engel. Und der sortierte langsam ein paar kleine Zettel. Max wunderte sich: „Wo sind wir denn hier gelandet?“ Der Engel räusperte sich verlegen und erklärte: „Hier ist die Dankstelle.“

„Dankestelle“, murmelte Max. „Aber wieso arbeitet denn hier nur ein Engel?“

„Leider ist es oft so“, sagte der Engel, „dass sich kaum jemand meldet, nachdem die Geschenke eingetroffen sind.“

„Und wie soll man sich melden?“, fragte Max.

„Ganz einfach“, sagte der Engel, „man muss nur so etwas sagen wie: Danke, lieber Gott.“

„Und wofür kann ich mich bedanken?“, hakte Max nach.

„Nun, wenn du ein Dach über dem Kopf hast, Essen im Kühlschrank und mehr als ein paar Schuhe besitzt, dann bist du reicher als die allermeisten Menschen, um genau zu sein, reicher als zwei Drittel der ganzen Welt. Wenn du Geld auf einem Konto hast (oder auch nur in einem Sparschwein) und einen Computer besitzt, dann gehörst du zu den Allerreichsten. Wenn du heute nicht krank bist, deine Eltern noch leben und du lesen kannst – oder es lernst –, dann bist du echt etwas Besonderes unter allen Kindern auf der Welt." Max nickte überrascht. Daran hatte er noch nie gedacht.

Kurz darauf wachte Max auf. Seine Mama gab ihm ein Küsschen auf die Stirn und sagte: „Guten Morgen, mein Schatz! Frühstück ist fertig. Hab sogar Nougatbrötchen da. Die magst du doch so …"

Da sprang Max gleich aus dem Bett. Doch auf dem Weg in die Küche hielt er noch mal kurz an und sagte laut: „Danke, lieber Gott!"

Natürlich gibt es im Himmel nicht wirklich eine „Dankstelle", in der ein Engel sitzt. Aber was meint ihr, sammelt Gott trotzdem euren Dank, weil er sich so sehr darüber freut? Wie könntet ihr heute für richtig viel Arbeit in der „Dankstelle" sorgen?

Einer von zehn

Spannendes aus der Bibel

Kannst du dich an das letzte Mal erinnern, als du so richtig krank warst? Bestimmt warst du überglücklich, als du dich wieder besser gefühlt hast, oder? Dann kannst du dir vielleicht vorstellen, wie riesig sich zehn Männer gefreut haben, als Jesus sie von einer der schlimmsten Krankheiten geheilt hat: Lepra. Sie war unheilbar, also viel schlimmer als eine Erkältung. Wer diese Krankheit hatte, musste seine Familie verlassen. Niemand durfte mehr seine Hand halten, ihn umarmen oder küssen. Denn sie könnten sich anstecken und auch krank werden.

Als die zehn Lepra-kranken Männer Jesus sahen, schrien sie laut: „Jesus, bitte heile uns! Bitte!“ Jesus sah ihren Schmerz und sagte: „Geht zu den Priestern und dann könnt ihr wieder nach Hause!“

Tatsächlich: Alle zehn Männer wurden gesund! Aber nur einer kam zurück zu Jesus, kniete sich vor ihm hin und sagte: „Danke, Jesus! Ich bin so glücklich!“ Jesus wunderte sich und fragte: „Wart ihr nicht zehn Männer, die ich geheilt habe? Wo sind denn die anderen?“

Nach Lukas 17,11-19

In der Bibel steht nicht, was der Mann darauf gesagt hat. Vielleicht war er sprachlos und ihm fiel nichts ein. Was würdet ihr Jesus antworten? Warum sind die anderen neun Männer nicht zu Jesus gekommen, um sich zu bedanken?

Das Gegenteil

Was ist wohl das Gegenteil von Dankbarkeit? Auf Anhieb fällt euch vielleicht „Undankbarkeit“ ein und damit habt ihr Recht. Manche sagen allerdings: Neid. Was meint ihr? Warum könnte „neidisch“ das Gegenteil von „dankbar“ sein?

Vorsicht, Falle!

Fang mich, wenn du kannst

Wer neidisch ist, verpasst so einiges. Probiert dazu mal Folgendes aus: Sucht euch eine Wand, an der nichts runterfallen oder kaputtgehen kann. Einer stellt sich etwa einen Meter vor diese Wand und schaut sie an. Hinter dem Rücken der Person wirft ihm jemand einen kleinen Ball zu oder einen kleinen weichen Gegenstand. Die Person versucht, den Ball zu fangen, bevor er auf die Wand auftrifft. Aber sie oder er darf sich nicht umdrehen.

Und klappt das?

Ähnlich ist es, wenn wir neidisch sind. Wir starren das an, was wir nicht haben (die Wand) und verpassen dadurch oft, was uns geschenkt wird oder was wir haben. Fällt euch etwas ein, worauf ihr manchmal neidisch seid? Was könntet ihr dadurch verpassen?

Kopf und Körper

Wissen

Was in eurem Kopf vorgeht, macht sich auch im Körper bemerkbar. Deshalb kann Neid krank machen – dagegen leben Leute, die dankbar sind und Gutes denken, leichter und besser. Warum? In einigen Studien haben Wissenschaftler herausgefunden: Gedanken haben Macht. Auch wenn sie unsichtbar sind, wirken sie sich sichtbar und spürbar aus. Wenn wir nörgeln und klagen und uns ärgern, stellt unser Gehirn Stoffe her, die unseren ganzen Körper stressen. Auf Dauer kann uns das ziemlich schaden – wir können uns schlecht konzentrieren und werden schneller krank.

Wenn wir dagegen danken und an Schönes denken, schüttet unser Gehirn „Wohlfühl"-Stoffe aus – die heißen Endorphine. Durch die fühlst du dich nicht nur besser, sondern sie sorgen auch dafür, dass in deinem Körper Dinge repariert und aufgebaut werden. Dankbarkeit schützt also Körper und Verstand! Tolle Sache, oder? Also, denk dran, wenn du denkst: Gutes denken macht glücklich!

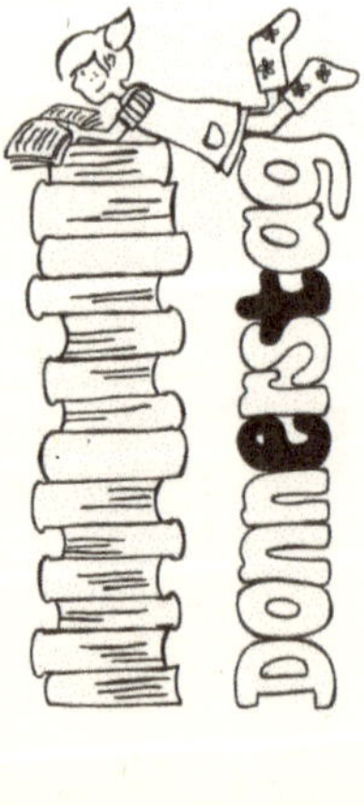

Der Neid-Test

Unfug

Jeder überlegt mal: Wofür könnte mich jemand total beneiden? Mein Lächeln? Meine gute Laune am Morgen? Meine Kochkünste? Vielleicht fällt es schwer, auf die Schnelle etwas zu finden. Aber überlegt ein bisschen und sucht mindestens drei Dinge. Schreibt sie auf oder erzählt davon. Sicherlich werdet ihr merken: Jeder von euch ist beneidenswert beschenkt und begabt. So ein „Neid-Test“ kann helfen, wieder richtig dankbar zu sein.

Dankeschön

Action!

Jeder sucht sich jemanden aus, dem sie oder er danken kann – vielleicht für ein Geschenk oder weil die Person etwas Nettes getan oder gesagt hat. Schreib der Person einen Zettel oder eine Karte mit deinem Dankeschön: jemandem aus deiner Familie, deiner Lehrerin oder einem Freund.

Falls du noch nicht schreiben kannst, dann bitte jemanden, das aufzuschreiben, was du sagen möchtest.

Übergib die Karte wenn möglich persönlich und achte darauf, wie die Person reagiert.

Wie war es für dich, jemandem zu danken?

Danket Gott, dem Vater, zu jeder Zeit, überall und für alles.

Epheser 5,20

Gottes Wort

Jederzeit danken. Überall und für alles? Geht das überhaupt?

Natürlich können wir nicht ständig danken. Wie soll das zum Beispiel im Schlaf funktionieren? Deshalb meinen einige Theologen, die sich lange mit diesem Text beschäftigt haben: Es geht um eine allgemeine Einstellung und eine Gewohnheit. Wir können üben, immer öfter zu danken und an Gutes zu denken, statt ständig zu nörgeln, zu neiden und uns auf Schlechtes zu konzentrieren. Entscheidend ist auch: Wem danken wir? Wer hat uns alles Gute geschenkt? Haben wir es uns verdient? Oder ist es ein Geschenk?

Schönheit

Claudia Weiand

Überall ist Schönheit,
aber nicht alle sehen sie.
Konfuzius

Der kleine Nuttel

Los geht's!

„So, heute kommt das Ding in den Müll!“, schimpfte Mama und hob das dreckige Bündel vom Boden auf. Nikolai schlief selig in seinem Gitterbettchen und hatte gar nicht gemerkt, dass sein Nuttel aus dem Bett gefallen war.

Nuttel, so hieß der Stoffhase, den Oma ihm zur Geburt geschenkt hatte. Oma hatte ihn selbst genäht und der Hase hatte vom ersten Tag an in Nikolais Wiege gelegen. Jetzt war Nikolai zweieinhalb. Und die meiste Zeit lag Nuttel in der Ecke. Zumindest glaubte seine Mama das. Nuttels Knopfaugen fehlten, seine Ohren waren löchrig und kürzlich war der kleine Puschelschwanz abgefallen. Seine Beine waren bereits mehrmals wieder angenäht worden und auf Nuttels Bauch prangte seit ein paar Wochen ein großer Flicken, damit die Füllung nicht hervorquoll. Nuttel hatte auch keine richtige Farbe mehr. Sein ganzer Körper war irgendwie fleckig grau.

„Ein hässliches Viech!“, lachte Mama und hob Nutttel an den kaputten Ohren in die Luft. Dann stupste sie ihn mit dem Zeigefinger auf den Bauch, sodass Nuttel hin und her schaukelte. „Scheußlich!“ Mama schüttelte den Kopf, nahm den Hasen und steckte ihn sanft zu Nikolai in das Kinderbettchen. „Aber für meinen Sohn bist du der schönste Hase des Universums!“, sagte sie seufzend und strich Nikolai zärtlich übers Haar.

Los geht's!

GOTT SAH ALLES, WAS ER GEMACHT HATTE, UND SIEHE, ES WAR *sehr gut.*

1. MOSE 1, 31

Was findet ihr wunderschön, obwohl es für andere völlig wertlos, vielleicht sogar hässlich scheint? Warum ist das so?

Sehr gut!

Spannendes aus der Bibel

„Und Gott sah alles, was er gemacht hatte, und siehe, es war sehr gut." Das steht gleich am Anfang der Bibel, und zwar in 1. Mose 1,31.

Wow! Jeder von euch ist einfach sehr, sehr gut! Ihr seid ein Meisterwerk! Gott ist euer Schöpfer. Er hat jeden von euch geplant, erdacht, gestaltet und geformt. Und wenn er euch ansieht, was denkt er dann?

A) „Oh, ich finde dich ganz okay … irgendwie."

B) „Na ja, vielleicht wird aus dir ja noch mal was … irgendwann."

ODER

C) „Hui! Ich kann mich an dir gar nicht sattsehen! Du bist echt ein Knüller!"

Überlegt alle einmal: Wie denke ICH über mich? Nennt etwas (Eigenschaft, Merkmal, Körperteil), das ihr an euch einfach richtig schön findet!

Schönheitswahn

Vorsicht, Falle!

Im Jahr 2010 wurden in Deutschland 8.536.379* „kosmetische Eingriffe" durchgeführt. Das bedeutet, da wurden über 8 Millionen Menschen operiert, weil sie sich nicht schön finden! Oder eben nicht schön genug. Falten und Fett wird weggeschnitten, Teile des Körpers verkleinert oder vergrößert. Es sind meistens Frauen (auch schon junge Mädchen), deren größter Feind der Spiegel ist und die sich einfach nicht so mögen können, wie sie sind.

Und warum ist das so? Klar, es hat viel mit Fernsehen, Zeitschriften und dem Internet zu tun. Da wird einem dauernd gezeigt, was schick und cool und total angesagt ist. Aber was so richtig wehtut ist, wenn man gehänselt und gepiesakt wird. Weil man nicht die „richtigen" Klamotten anhat, weil jemandem deine Nase, Frisur oder dein großer Zeh nicht passt. In der Schule, im Freundeskreis, im Sportverein, in der Gemeinde. Kann es auch sein, dass wir uns oft mit anderen vergleichen? Dabei ist jeder schön auf seine eigene Weise.

Und? Wann habt ihr das letzte Mal jemandem gesagt, dass ihr an ihm etwas schön findet? Wann habt ihr euch das letzte Mal eingeschaltet, wenn jemand geärgert wurde? Was könnt ihr tun, damit sich jemand nicht hässlich und ungewollt fühlt?

*Quelle: DGÄPC-Newsletter September 2010.

Wer ist schön?

Wissen

Die Universität Regensburg hat vor Jahren versucht herauszubekommen, was die absolute Schönheit ist: Wie muss ein Gesicht aussehen, das möglichst viele Menschen schön finden? Sie haben eine Menge Leute befragt und dann am Computer das optimale Gesicht zusammengebastelt. Und das Ergebnis? Ein sehr junges Mädchengesicht mit gleichmäßigen Gesichtszügen. Ein echtes Allerweltsgesicht. Sicher, es sieht wirklich hübsch aus, aber auch ziemlich unscheinbar und irgendwie langweilig! Verrückt, oder? Da sucht man nach der schönsten Schönheit und findet hübsche Unscheinbarkeit.

Was macht einen Menschen dauerhaft schön? Wie kann es sein, dass Opa Rudi seine Frau Ernd auch als 70-Jährige noch wunderschön findet? Vielleicht hat das ja nicht nur was mit dem Äußeren zu tun? Was meint ihr?

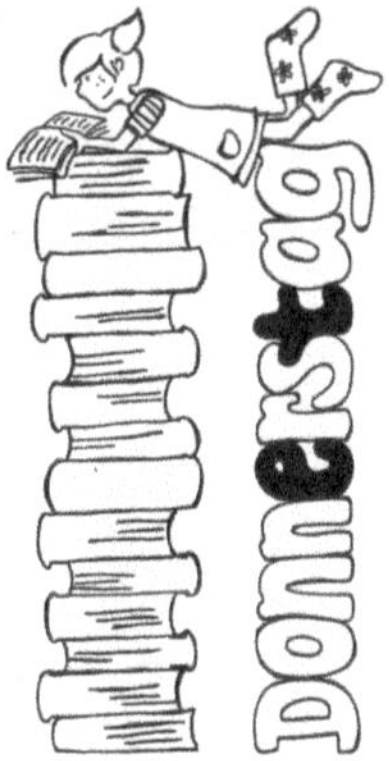

Ihr seid die Schöpfer!

Unfug

Holt ein Blatt Papier und Stifte raus. Der Längste in eurer Familie fängt an: Zeichne den Kopf eines Tieres, das du richtig schön findest! Wie? Du kannst nicht zeichnen? Prima, dann wird das Spiel umso witziger! Dann reichst du das Blatt an den Nächsten weiter und der malt den Hals. Es gibt allerdings eine kleine Regel: Jede Zeichnung muss von einem anderen Tier sein! Der Nächste malt den Bauch, dann wieder der Nächste ein Bein, dann noch eines … Vielleicht braucht das Tier noch einen Schwanz oder Flügel? Nur zu!

Zum Schluss gebt ihr dem Tier noch einen Namen. Verrücktes Viech! Aber es ist doch auch schön … schließlich habt ihr ja nur schöne Tiere gemalt! Oder?

»Gefällt mir!«

Action!

Macht euch doch mal Komplimente! Das ist gar nicht so einfach! Wir sind viel schneller dabei, wenn's darum geht, was uns NICHT gefällt. Wir finden etwas blöde und das sollen auch alle wissen! Jetzt geht's mal andersherum:

Versucht mal, immer zu sagen, was euch gefällt. Was ihr schön findet! Und sagt das auch laut! Es ist erstaunlich, wie wunderschön der ganz normale Alltag ist, wenn man ihn mal ganz genau anschaut.

Falsche Schönheit

Gottes Wort

Auch die Bibel berichtet über Schönheit. Zum einen über die wunderschöne Natur, die Schöpfung. Zum anderen über die Schönheit von Menschen. Menschen, die einfach unglaublich schön sind und überall auffallen. Meistens gibt's dann aber Ärger …

Da ist zum Beispiel David. Von ihm sagt die Bibel: Er war ein gut aussehender junger Mann, braun gebrannt und mit schönen Augen (1. Samuel 6,12). Der Kerl sieht also richtig gut aus. Und dann wird er auch noch zum König gesalbt! Als er eines Tages auf Goliath trifft, lacht dieser ihn aus: „Ach, jetzt schicken sie schon Kinder in den Krieg!", spottete er, weil David noch sehr jung war, braun gebrannt und gut aussehend (1. Samuel 17,42). Aber, wie ihr alle wisst, hat David den riesigen Mann besiegt. Nicht, weil er schön, sondern weil er klug und geschickt war und vor allem: weil er Gott auf seiner Seite hatte.

Nur einige Seiten später ist wieder von David und der Schönheit die Rede. Aber diesmal geht es um eine Frau. Eines Nachmittags, als David seine Mittagsruhe beendet hatte, ging er auf dem flachen Dach seines Palasts spazieren. Da fiel sein Blick auf eine Frau, die im Hof eines Nachbarhauses ein Bad nahm. Sie war sehr schön (2. Samuel 11,2).

Tja, und da handelt David plötzlich nicht mehr klug. Und er hat dabei auch nicht mehr Gott auf seiner Seite. Er findet diese Frau so schön, dass er sie unbedingt für sich möchte. Und er ist inzwischen der König! Also lässt er sie holen. Er weiß, dass es falsch ist, denn die Frau ist verheiratet. Ausgerechnet auch noch mit einem seiner Soldaten. Und so belügt und betrügt er, und schließlich ermordet er sogar ihren Mann. Und warum? Weil er sie schön fand und unbedingt haben wollte!

David leidet unter diesen Lügen, dem Mord und dem Versteckspiel. Sein Gewissen quält ihn. Schließlich deckt Gott alles auf und David muss für diese Sache bitter bezahlen. Aber: Nachdem er mit Gott wieder im Reinen ist, kann er ein neues Leben starten. Er ist immer noch König. Aber er hat etwas sehr wichtiges gelernt: Äußere Schönheit zu besitzen oder haben zu wollen ist eine schwierige Sache, die sehr viel Leid bringen kann. Aber es gibt eine überwältigende Schönheit und Pracht, die wir aus ganzem Herzen genießen und bejubeln können! Bei dieser Schönheit machen unsere Herzen Luftsprünge und unsere Beine kribbeln und wollen tanzen!

Seid ihr auch schon einmal auf „falsche" Schönheit reingefallen? Lest euch mal den Psalm 104 laut vor! Und Gott sieht alles an, was er gemacht hat …

Feiern

Bärbel Löffel-Schröder

Leonies Geburtstag

Los geht's!

Meine Freundin Leonie hatte Geburtstag. Doch sie erzählte mir: „Ach, meine Mutter hätte sowieso vergessen, dass ich Geburtstag hab, wenn ich sie nicht daran erinnert hätte." Sie war richtig traurig. „Bei uns wird der Geburtstag nicht so gefeiert wie bei euch", meinte sie.

„Was wünschst du dir denn, Leonie?", fragte ich.

„Ihr braucht mir nichts zu schenken!", erklärte Leonie. „Ich wünsche mir nur, dass ihr mich besucht."

„Geht klar", sagte ich und zwinkerte ihr zu.

Ganz im Geheimen nahm ich mir aber vor, meine Freundin zu überraschen! Meine Mama und meine Geschwister kamen mit und wir haben ihr ein schönes Geschenk mitgebracht. Leonie hat sich ganz, ganz doll gefreut. Außerdem haben wir einen Kuchen gebacken und uns ein paar Spiele ausgedacht. Und ob ihr's glaubt oder nicht: Irgendwann hat sogar Leonies Mutter mitgespielt. Das war richtig lustig.

Nicht nur Leonie hat die Geburtstagsfeier gefallen. Uns auch. Feiern macht einfach Spaß.

Feiert ihr auch gern? Was macht daran so viel Spaß? Manche sagen, Feiern ist Zeitverschwendung – was meint ihr?

Das Fest

Spannendes aus der Bibel

Jesus erzählte die Geschichte von einem Vater und seinen beiden Söhnen. Es war ein total guter Vater. Er liebte seine Kinder und sie hatten es gut zu Hause. Der Vater konnte ihnen Wünsche erfüllen, er war reich. Trotzdem wollte der jüngere Sohn weg von zu Hause. Und dazu brauchte er natürlich Geld. Der Vater war bestimmt sehr traurig, als dieser Sohn zu ihm kam und sagte: „Vater, wenn du mal stirbst, bekomme ich ja die Hälfte von allem, was dir gehört. Kannst du es mir nicht jetzt schon geben?“

Und wirklich, der Vater gab ihm die eine Hälfte, dem älteren Sohn die andere Hälfte.

Obwohl das Herz des Vaters schwer war, ließ er den Sohn gehen. Und der zog weit.

Nun machte der Sohn alles, wozu er gerade Lust hatte, und das waren auch richtig schlimme Dinge. Außerdem gab er sein ganzes Geld aus.

Was nun? Das Land, in dem er lebte, hatte eine schwere Zeit, die Leute hungerten sehr. Bald war sein Geld alle und seine „Freunde“ ließen ihn im Stich. Sie wollten nur mit ihm feiern. Nun ging es dem Sohn total schlecht.

Er fragte einen Bauern, ob der ihm helfen könnte. „Dann musst du auf meine Schweine aufpassen“, bot der ihm an. „Aber von dem Schweinefutter wird nichts gegessen, hörst du?“

Der junge Mann war furchtbar hungrig, während er den Schweinen beim Fressen zusah. Da dachte er

an sein Zuhause und an seinen Vater. An die Arbeiter seines Vaters. Die konnten so viel essen, wie sie wollten. Es blieb sogar was übrig. Und er selbst starb fast vor Hunger.

Endlich dachte er so richtig gründlich über sich selbst nach und sagte sich: „Ich will zu meinem Vater zurückgehen." Er würde ganz ehrlich sein und sagen: „Papa, ich habe sehr viel falsch gemacht – ich habe dir und Gott wehgetan. Nach all dem, was ich verbockt habe, ist es unmöglich, dass du mich wieder als dein Kind annimmst. Aber könnte ich nicht einer deiner Arbeiter werden?"

Bestimmt fühlte er sich ziemlich schlecht auf seinem weiten Weg nach Hause. Würde sein Vater ihn wegschicken?

Sein Vater sah ihn schon von Weitem kommen. Aber er dachte gar nicht daran, seinen Sohn wieder wegzuschicken. Nein, er freute sich total, als er ihn sah. Und es tat ihm weh zu sehen, wie schlecht es seinem Sohn ging.

Er zeigte dem Sohn seine riesengroße Liebe, lief ihm entgegen und umarmte und küsste ihn total herzlich.

„Papa", sagte der Sohn, „ich habe so viel falsch gemacht – ich habe dir und Gott wehgetan. Nach all dem ist es unmöglich, dass du mich wieder als deinen Sohn annimmst."

Aber das sah der Vater ganz anders.

Er fing an, eine riesige Party vorzubereiten. Die Diener mussten ihre Arbeit liegen lassen und ganz schnell die besten Kleidungsstücke und Schuhe für den Sohn zusammensuchen. Außerdem wurde ein besonderes Essen gekocht. Der Sohn konnte kaum fassen, was sein Vater alles machte, um eine tolle Feier für ihn zu veranstalten. Jetzt bekam er noch einen Ring an den Finger gesteckt. Überhaupt – wie sein Vater sich freute. Wie er strahlte; und dass er überhaupt an eine Feier dachte.

Aber der Vater fand, dass die Rückkehr des Sohnes unbedingt gefeiert werden musste. Er sagte: „Mein Sohn war verloren, jetzt ist er wiedergefunden."

Und dann feierten sie ein Fest, das umso schöner für den Sohn war, weil er wusste, dass er es nicht verdient hatte.

Nach Lukas 15,11-23

Ein Vater macht eine riesige Party, weil sein Sohn wieder da ist. So ist Gott. Wenn wir wie dieser Sohn zu Gott kommen, um Verzeihung bitten und wieder nah bei ihm sein wollen, steigt im Himmel eine Party. Denn bei Gott ist das ein Grund für eine Freudenfeier.

Feier ohne Bedeutung

Vorsicht, Falle!

Manchmal denken wir nur an die Geschenke, die Süßigkeiten und den Spaß, wenn wir zusammen feiern. Wir vergessen ganz, warum wir feiern. Und dann verpassen wir etwas. Denn jede Feier hat ja eine Bedeutung. Die Geburtstagsfeier zum Beispiel zeigt: Wir feiern, dass es dich gibt!

Feiern – aber bitte nur das Beste

Es gibt Leute, die denken, eine schöne Feier muss auch richtig viel Geld kosten. Stimmt das eigentlich?

Feiern – voll der Stress

Eine Feier macht keinen Spaß mehr, wenn man, nur um alle Gäste zu beeindrucken, voll in Stress kommt.

Weltkindertag

Wissen

Einmal im Jahr feiern wir den Weltkindertag. Und das kam so:

Vor mehr als 50 Jahren wurde von Leuten der Regierung in Amerika beschlossen, dass es gut wäre, wenn in der ganzen Welt ein Kindertag gefeiert würde.

Sie wollten damit erreichen, dass die Kinder Rechte haben, wie zum Beispiel das Recht auf Hilfe, wenn sie in Not sind, und das Recht, etwas zu lernen. Außerdem wollten sie unterstützen, dass die Kinder Freundschaften untereinander haben.

Die Regierung von dem Land, das Weltkindertag feiert, soll Geld geben, damit Leute Kindern in armen Ländern helfen können.

Das fanden viele Länder richtig gut und heute wird der Kindertag in 145 Staaten gefeiert.

Die Kinder spielen und feiern ein schönes Fest mit Freunden zusammen und gleichzeitig bekommen Kinder, die nicht genug zu essen haben oder nicht zur Schule gehen können, von der Regierung Hilfe. Für die ist es dann auch wie ein Fest.

Lustige Partys

Finde Worte für lustige Feiern heraus, die es eigentlich gar nicht gibt: Unfug

- „Nie mehr aufräumen“-Party
- „So viele Lutscher wie ich will“-Feier
- „Tun, wozu ich Lust habe“– Feiertag
- „Schule-Schwänzen“-Party
- „Aufbleiben, so lange ich will“ – Fest

Bestimmt habt ihr noch mehr Einfälle. Schlagt doch euren Eltern mal eine Feier vor. Welche können sie erlauben, welche nicht? Und welche Feier macht mit ganz vielen zusammen Spaß, zum Beispiel in eurer Kindergruppe?

Eure Party!

Action!

Denkt euch eine ungewöhnliche Feier aus: Ihr könntet eure Freundin, euren Freund mit einer „Schön, dass es dich gibt"-Feier überraschen. Oder wie wäre es mit einer „Halt Durch"-Feier, „Gute-Besserung"- oder „Du hast es geschafft"-Feier?

Ein schönes Fest kann man auch für Jesus feiern. Hast du eine Idee?

Feiern ist nicht Verschwendung von Geld oder von Zeit. Feiern ist sogar wichtig, weil Feiern Freude in unser Leben bringt. Gott ist schließlich ein Gott der Freude.

Redet mal darüber, was eine Feier ganz besonders macht. Sind es nur die Geschenke oder ist es auch das Gefühl, so wertvoll zu sein, dass man gefeiert wird? Macht es eigentlich Spaß, allein zu feiern? Oder gehören Freunde oder die Familie unbedingt dazu? Was ist besonders wichtig, wenn ihr eure nächste Feier vorbereitet? Und was geht gar nicht?

In der Gegenwart des HERRN sollt ihr fröhlich feiern.

5. Mose 12,12

In der Bibel wird von manchen Feiern berichtet. Gott hat sogar Mose gesagt, welche Feste die Menschen für Gott feiern sollten. Auch heute gibt es Feiertage, die an Geschehen aus der Bibel erinnern sollen. Ihr könnt miteinander herausfinden, was die Feiertage bedeuten. Und gemeinsam dafür beten, dass ihr den Sinn dieser Feiertage besser versteht. Wenn also zum Beispiel Pfingsten ein Feiertag ist, der uns an das Geschenk des Heiligen Geistes erinnert, dann könnt ihr dafür beten, dass der Heilige Geist in eurem Leben wirkt. Übrigens: Feiertage, die an Wichtiges in der Bibel erinnern, kann man zu jeder Zeit des Jahres feiern.

Hoffnung

Claudia Weiand

Die drei Wünsche

Los geht's!

In einer Zeit, als es noch Könige und Ritter gab, befahl ein König nach einer verlorenen Schlacht, man möge ihm die drei tapfersten Männer seines Heeres bringen, dass er sie trotz der Niederlage belohne. Nach kurzer Zeit brachte man ihm die gewünschten drei. Sie sahen mager aus, ihre Augen blickten traurig drein und ihr Rücken war gebeugt.

„Tapfere Mannen!", begrüßte der König sie und die Männer verbeugten sich tief. „Ihr habt eine Schlacht verloren. Doch ihr habt gekämpft, als die Niederlage schon unvermeidlich war. Bis zum letzten Moment habt ihr mich und mein Land verteidigt. Nun sollt ihr trotz verlorener Schlacht für eure Tapferkeit belohnt werden. Jeder von euch hat einen Wunsch frei!"

Die Männer blickten auf. „Jeder von euch soll mir einen Wunsch nennen. Ich mache euch zu Fürsten! Zu Grafen! Ich schenke euch Land, eine Burg! Nennt, was euer Wunsch, ist und ich will ihn euch erfüllen!"

Der erste Mann zitterte vor Freude. „Macht mich zu einem Burgherren! Ich will euer treuer Diener sein und meine Burg soll euch alle Ehre machen."

„So soll es sein!", rief der König.

Der zweite Mann weinte vor Glück. „Ich möchte ein reicher Kaufmann sein. Lange Reisen will ich unternehmen, mit edlen Stoffen und exotischen Gewürzen aus aller Herren Länder möchte ich

handeln. Und an euren Hof, edler König, werde ich die schönsten und teuersten Stoffe liefern!"

„So soll es sein!", rief der König.

Der dritte Mann sagte lange nichts. Alle Augen weilten auf ihm und erwarteten seinen Wunsch. Dann endlich hob der Mann seinen Kopf und sah dem König fest in die Augen. „Ich wünsche mir, dass meine Frau und meine Kinder diesen schrecklichen Krieg überlebt haben. Dass Frieden herrscht in meinem Dorf und dass meine Söhne und Töchter in einer Welt aufwachsen dürfen, in der sie keine Speere und Schwerter mehr fürchten müssen. Aber alles das, könnt Ihr mir nicht geben. Denn Hoffnung kann man nicht kaufen." Der Mann seufzte tief. „So gebt mir ein Pferd, dass ich heimreiten kann."

Was ist euer größter Wunsch?
Kann man ihn kaufen?

Hiobs Hoffnung

Spannendes aus der Bibel

Kennt ihr die Geschichte von Hiob? Die ist ganz schön übel! Nacheinander wird dem armen Hiob alles weggenommen, was ihm lieb und teuer ist. Er verliert seinen Reichtum. Und dann sterben alle seine zehn(!) Kinder. Schließlich bekommt er noch eine schrecklich schmerzhafte Krankheit. Seine Freunde versuchen, ihm einzureden, dass er irgendeine ziemlich schlimme Sünde begangen haben muss, wenn ihm so viel Schlimmes passiert. Seine Ehefrau rät ihm, Gott zu verfluchen.

Aber Hiob hält Gott die Treue. Und dann redet Hiob mit Gott. Oder eher Gott mit Hiob? Und Hiob macht sich ganz klein und erkennt Gottes Größe an. Und Gott erkennt Hiobs Treue an und macht ihn wieder gesund. Und nach all den schrecklichen Leiden segnet Gott Hiob für den Rest seines langen Lebens.

Wo ist hier die Hoffnung? In kaum einem anderen Buch in der Bibel ist so oft von der Hoffnung die Rede! Aber Hiob redet nicht von der Hoffnung, die er hat, sondern von Hoffnung, die ihm fehlt. Hiob sagt, dass selbst ein Baum mehr Hoffnung hat als er. Denn selbst, wenn er abgeschlagen wird, treibt er einfach an einer anderen Stelle wieder grüne Blätter aus. Aber für den armen Hiob schien es nur noch trübe auszusehen … Und doch: Wo Menschen treu zu Gott halten, obwohl sie gar keine Hoffnung mehr haben, da lässt Gott auch bei den Menschen wieder Neues wachsen. Gott hat uns nicht ein Leben in

Zuckerwatte versprochen. Aber weil Jesus für uns starb, wissen wir, dass wir Gottes Kinder sind. Und dass Gott auch in der hoffnungslosesten Zeit bei uns ist und uns hilft durchzuhalten.

Ist euer Leben gerade voller Zuckerwatte? Oder habt ihr gerade Schweres zu tragen wie ein Hiob? Gott ist da! Immer! Gestern. Heute. Und morgen!

Leben im Morgen

Vorsicht, Falle!

Hoffnung richtet sich immer auf die Zukunft. Wer auf etwas hofft, wünscht sich etwas, dass irgendwann später in Erfüllung geht: Dass jemand wieder gesund wird. Dass die Mathearbeit gut läuft. Dass Deutschland Weltmeister wird …

Hoffnung ist so etwas wie eine Sehnsucht. Etwas sehnt sich nach Besserung. Dass sich etwas verändert. Oder vielleicht auch, dass es immer so bleibt. Hoffnung schaut immer nach vorne.

Deshalb kann man auch etwas verpassen! Nämlich das, was jetzt schon da ist. Wer immer auf Regen hofft, kann die Sonne nicht genießen! Wer sich immer wünscht, endlich erwachsen zu sein, der verpasst den ganzen Spaß, den man als Kind haben kann (und für den man als Erwachsener dann keine Zeit mehr findet). Wer ständig auf den Lottogewinn hofft, der übersieht, wie wertvoll das Leben auch mit kleinem Geldbeutel sein kann. Wer seinen Blick immer in die Zukunft lenkt (später wird alles besser!), der versäumt die Gegenwart. Das, was jetzt gerade geschieht.

Habt ihr schon mal etwas Gutes (fast) verpasst? Gibt es Hoffnungen, die man besser auch aufgeben darf – oder sogar sollte?

Hoffnung heilt

Wissen

Amerikanische Wissenschaftler haben herausgefunden, dass Menschen, die an Gott glauben, seltener im Krankenhaus sind, schneller wieder gesund werden, einen niedrigeren Blutdruck haben und scheinbar besser gegen Herz-Kreislauferkrankungen geschützt sind. Sie sind nach Operationen schneller wieder gesund und brauchen weniger Schmerzmittel. Cool, oder? Man käme glatt auf die Idee, dass Ärzte vielleicht auch ein wenig Gottesdienst und Bibellesen aufs Rezept dazuschreiben könnten. Aber so klappt das dann auch wieder nicht.

Wir Christen haben es also echt gut! Wir wissen, dass Gott der beste Arzt ist, und deshalb können wir alle unsere Krankheiten nicht nur zum normalen Arzt bringen, sondern auch zu Gott! Seine Praxis hat immer geöffnet. Keine Terminabsprache nötig! Wir haben eine feste Hoffnung: dass Gott uns hilft. Und dass tut er oft! Aber natürlich müssen auch Christen operiert werden. Auch Christen haben schlimme Krankheiten und Unfälle und müssen sterben. Die wunderbarste Hoffnung trägt aber sogar über den Tod hinaus!

Wie wäre es, wenn wir alle, die wir dieses Buch lesen, uns im Himmel verabreden. Und jeder erzählt dann die schönste Hoffnungsgeschichte aus seinem Leben? Dauert noch 'ne Weile, klar! Aber sollte ich zuerst ankommen, halte ich euch Plätze frei!

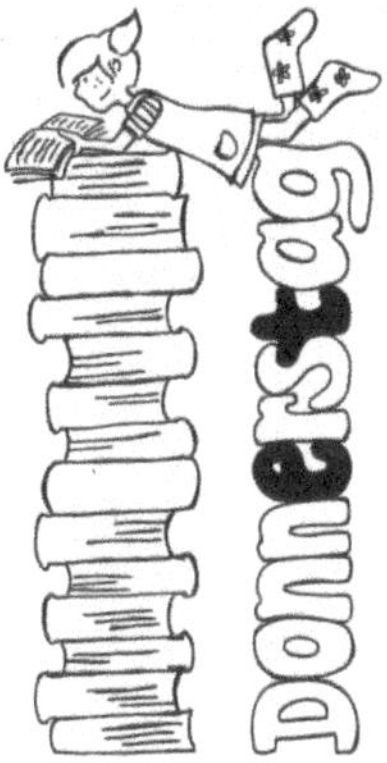

Rosinentanz

Unfug

Ihr braucht: ein Glas Mineralwasser (mit viel Kohlensäure) und ein paar Rosinen.

Jetzt werft ihr drei oder vier Rosinen ins Wasserglas. Sie sind viel zu schwer, um zu schwimmen und gehen einfach unter. Aber dann …! Die kleinen Luftblasen sammeln sich um die Rosinen und helfen ihnen, nach oben zu kommen. Nach einer Weile tanzen sie immer wieder hoch und runter und sehen aus, als hätten sie richtig Spaß dabei.

Manchmal fühlen wir uns selbst wie ein schwerer Brocken, der einfach untergeht. Aber Gott hat uns Hoffnung für unser Leben versprochen. Er gibt uns Auftrieb und manchmal lässt er uns sogar vor Freude tanzen!

Jesus am Tisch

Action!

Stellt euch vor, Jesus sitzt an eurem Tisch. Kein Stuhl mehr frei? Dann stellt noch einen dazu! Ihr hättet jetzt die Gelegenheit, ihm eine Liste von Dingen mitzugeben, die er mit nach Hause nimmt und mit seinem Vater durchspricht. Eine Liste von Dingen, Personen und Ereignissen, die euch Sorgen machen und für die ihr ganz dringend Hoffnung braucht!

Nehmt euch einen Zettel und schreibt alle hoffnungslosen Fälle auf … Und dann legt ihr diese Liste an den Platz, an dem Jesus sitzt. Der Zettel darf dort ruhig einen ganzen Tag oder eine ganze Woche lang liegen. Macht euch auf einen Schwung Hoffnung gefasst!

Das Versprechen

Gottes Wort

Jesaja prophezeite:
„Der Trieb, der aus der Wurzel Davids hervorsprießt, wird groß werden und über die Völker herrschen. Er wird ihre einzige Hoffnung sein.“
Römer 15,12

Ungefähr 700 Jahre vor dem ersten Weihnachtsfest hat Jesaja es bereits gewusst: Jesus wird kommen! Und er wird für die ganze Welt kommen. Überall auf der gesamten Erde werden Menschen in ihm Hoffnung finden. Wie gesagt, das war 700 Jahre, bevor Jesus auf die Welt kam! So plant Gott voraus!

Mehr als 2000 Jahre nach Jesu Geburt dürfen wir uns auch an vielen anderen Dingen festhalten, die Jesus uns versprochen hat. Gott hat auch schon vorausgeplant! Hoffnung? Aber hallo!

Welche Versprechen von Gott an die Menschen kennt ihr?

Über die Autorinnen

Bärbel Löffel-Schröder ist Autorin, unter anderem von „Lotta und die Tierkinder“ und „Lieber Gott, bist du da?“. Seit vielen Jahren arbeitet sie als Erzieherin. Besonders viel Erfahrung hat sie in der Arbeit mit Kindergartenkindern. Auf einfühlsame Weise gelingt es ihr, Kindern komplexe Themen zu vermitteln. Mehr über die Autorin: www.baerbel-loeffel-schroeder.de

Claudia Weiand ist Kinderbuchautorin und Mutter von zwei Söhnen. Sie entwirft und verkauft Kritzeleien oder bemalt auch schon mal eine ganze Krankenhausstation. Ihr aktuelles Buch heißt „Drachen haben Mundgeruch“.
Mehr Informationen unter:
www.claudia-weiand.de

Ines Maynard arbeitet als Redakteurin und Lektorin. Sie hat Journalismus, Theologie und Schulpsychologie studiert. Seit sie mit Kindern in Ghettos von Chicago (USA) und Juarez (Mexico) gearbeitet hat, lässt sie das Thema „Kinder“ nicht mehr los.

Über die Illustratorin

Joy Katzmarzik studiert Englisch und Geschichte auf Lehramt. Doch eines Tages fing sie während der Vorlesung an zu zeichnen. Seitdem spazieren regelmäßig witzige Figuren über ihr Blatt Papier und sie arbeitet nebenbei als Illustratorin.
Mehr Informationen unter: www.leap4joy.de

MIX
Papier | Fördert gute Waldnutzung
FSC® C014496

6. Auflage 2023
Bestell-Nr. 816772
ISBN 978-3-86591-772-0

Umschlaggestaltung: Hanni Plato
Umschlagillustrationen: Joy Katzmarzik
Illustrationen: Joy Katzmarzik (www.leap4joy.de)

Konzept & Lektorat: Ines Maynard
Satz: Daniel Eschner
Druck und Verarbeitung: GGP Media GmbH, Pößneck
Printed in Germany

www.gerth.de